80歳、何かあきらめ、何もあきらめない

気持ちが
明るく楽になる、
生き方とたたみ方

萩本欽一 著

主婦と生活社

はじめに

歳をとっても勇気だけは失わず

これまでずっと、年齢なんてほとんど意識せずに生きてきました。浅草の舞台から始まってテレビの仕事、クラブ野球チームの監督、大学の社会人入試、そしてまたテレビ、舞台……休まずに「夢」を追いかけているうち、気がついたら80歳になっちゃった。

まあ、これも一つの通過点だな、と思ったら、80歳は甘くなかった。誕生日が来たとたん、「この身体、いったいどうなっちゃったの⁉」と驚くことが、次から次へと襲ってくるの。

「つまずく」「よろける」「ぶつかる」「転ぶ」「むせる」。それが順番にやってきて「ウソッ」「まさか！」「これが今の僕⁉」って、頭の中は叫びっぱなし。

いくつかは、70代後半から少しだけ兆候を感じていたけれど、こんなに一気に押し寄せてくるとは……。初めて「歳」を感じちゃいました。

こんなときは、気持ちもへなへな弱くなるんですね。自信がみるみるしぼんでいく。80歳からチャレンジしようと思った「夢」も、一瞬遠くへ逃げて行くような気がしてね。

これから身体が衰えちゃう一方なのかな、……そう考えたらどんどん思考がマイナスに傾いて、「新しい夢が100パーセント叶った！」という「頂点の絵」がまったく浮かんできません。そういえば周囲からも、「80歳から楽しいことが増えたよ」っていう話をあんまり聞かないしなぁ。

80歳になる前年、コロナウイルスがやってきたり、僕の奥さん・スミちゃんが亡くなったり……。

このころから気持ちが暗くなりかけていたんだと思う。でも大丈夫、今は立ち直ってまた走りだしてます。歳をとっても夢みる心と、それに向かって進む勇気を持たなくちゃね！

今度の夢は「80歳の挑戦」だな。そう考えたら、気力がみなぎってきちゃいました。

「80歳」と「挑戦」のミスマッチがなんとも魅力的に思えて、ぐずぐずしてなんかいられなくなった。

　まず向かったのはＮＨＫ放送局。『ラジオ深夜便』という長年お世話になっている番組を降板するお願いをしに行きました。

　20代、30代ならいくつも並行して「挑戦」できるけれど、80歳の挑戦は一つに絞らないと力強く進めない。そう思って、レギュラーの仕事からすべて退くことにしたんです。

　ほんとのことを言うと、もっと前に退くつもりだったんだけど、番組のディレクターさんがあまりに素敵な人なので、言いだしかねていたの。

　でも、勇気をもってディレクターさんに話したあと、ＣＰ（チーフプロデューサー）さんに会いに行きました。

「じつは、新しく80歳の挑戦をしようと思います。80歳の挑戦は若いときと違って2つも3つもできないので……」

　そう言いかけたら、ＣＰさんはこう言ってくれました。

「あっ、その先はお話ししなくてもいいですよ。『80歳の挑戦』なら、NHKは応援に回ります。ぜひ、頑張ってください」

なんとも粋な対応ですよね。

「応援していただいて、ありがとうございます」

そう言って去ろうとしたら、CPさんは「萩本さん」と、一瞬僕を呼び止めて、こう続けました。

「80歳の挑戦が成功したら、そのお仕事を持ってまたNHKに来てくださいって、お呼びするかもしれませんよ」

これを聞いて、僕は確信しちゃった。新しい夢、挑戦はぜったい成功するって。節目のときに素敵な言葉に出会うと、そのあと必ずいいことがやってくるんです。

若い時代はいつも後先考えず、「とにかく勇気だ！」と、自分がしたいことにまっすぐ進んできました。最近ちょっとだけマイナス思考になりかけたけれど、いくつになっても大事なのは勇気。NNKのCPさんにそれを教えてもらった気がして、ますます力が湧いてきちゃった。

よ〜し、やるぞ！　と思ったそのとき、「欽ちゃんも80歳になったことだし、高齢の仲間たちを応援する本をつくりませんか？」と、旧知の人が本づくりの話を持ってきた。

これも絶妙なタイミングだったな。僕もほかの人の挑戦を応援できるし、自分の挑戦の励みにもなる。

30代の挑戦では全員が味方ということにはならないかもしれないけれど、80歳からの挑戦ならみんな、応援してくれるんじゃない？「挑戦」というとでかい相手にぶち当たっていくイメージだけど、極めて日常的なことでもいいんです。

たとえば電車の中で若者が席を譲ってくれようとしたとき、「いや、電車で立ってることが今の私の挑戦なんです」と言えば、断られた若者も、そうか、爺ちゃん頑張ってるな、とぜったいたい思ってくれる。

日常の小さいことでも、忘れかけていたでかい夢でも、みんな勇気をもって挑戦しましょうよ。80代にこだわらずに、70代、60代からでもいいと思います。50代だったらまだ体力もあるし、普通に挑戦できる年代ですよね。

だから僕は、新しい挑戦をする人みんなにエールを送りたい。いくつになっても挑戦して、夢を追いかけてこその人生だと思うから。

小さい夢、小さい挑戦から始めるとすいすい叶っちゃうので、「あきらめる」という言葉が人生からなくなってくる。そうすると自信がついて、でっかい夢にも挑んでいけるようになる。僕はそう考えています。


僕の暮らし方や考え方はちょっとだけ普通の人と違うかもしれないけれど、こんなふうに生きたら人生最後まで楽しめる、と思うことをこの本に詰め込みました。せめて3つ4つぐらいは皆さんの生きるヒントになるといいな。

えっ、僕が始める「80歳の挑戦」はどんなものかって？　それはまた追い追い本の中でね。

80歳、何かあきらめ、何もあきらめない

目次

2章 「働き方」の流儀

80歳、何かあきらめ、
何もあきらめない

目次

4章 「時間」の流儀

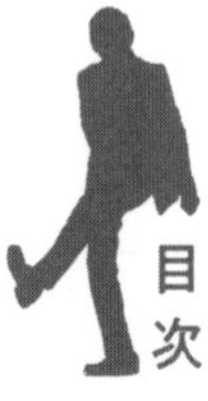

5章「別れ」の流儀

1

「健康」の流儀

身体が思うように**動かない**。

気持ちの**衰え**を感じる。

いつまでも**元気**でいたい。

人生の最後について考える。

年を重ねて、

身体と**心**をどう**コントロール**する？

80歳の身体は「未知との遭遇」

「健康管理」とか「体力維持」「若返り」、そんな言葉が世の中にあふれてます。日本は今、超高齢化社会なんですよね。

高齢者って、医療保険制度の分け方でいえば、65歳から74歳までが前期高齢者で、75歳以上が後期高齢者らしいけど、車の免許でいうと70歳以上を「高齢運転者」というんだって。

なんだかいろんな制度で勝手に振り分けられちゃう。自分はまだ若いつもりなのに、「はい、あなたは今日から高齢者です、まだ前期ですけどね」なんて言われたら、あんまりいい気持ちはしませんよね。

「老人」っていう言葉も、何となく好きになれないな。「老いた人」って、ストレートすぎてやさしさもひねりも感じないから。

「年配者」もねぇ……歳って誰かから配られるものなの？　それとも歳をとったから何かを配る人になるのかな？　何を配るんだろう？　相手に気を配る？　それは若いときから配ったほうがいいよね。

僕が好きな言い方は「年寄り」かな。自分が呼び寄せたわけじゃなく、向こうから歳が寄ってきただけ。もうこれ以上寄ってこなくていいよ、と思ったら「まだ自分は若者だい」と思って生きていればいいんじゃないかな。また歳が寄ってきたら、ひょいと避ければいい。多分、僕はこうやって歳を避けながら生きてきたと思うし、まだ若いつもりでいるうちに80歳を迎えたような気がします。

と～ころが！　80歳は避けきれなかったみたい。80歳になったとたん、突然身体が自分のものじゃなくなった。徐々に歳を感じるんじゃなく、続けざまに「はい、80歳ですよ」と、自分自身に宣告された気分でした。

むせるし、コケる、ぶつかる。そんなことばっかりの日常になって、「ウソッ！」「えっ、そんな……」「ウッソー！」の連発。80歳の身体はまるで「別人」で、まさに未知との遭遇。自分の身体が急に別人になっても、心はまだ抵抗してついていかないので、今は変化した身体と心が二人三脚で歩いているような、そんな感じ。一人で「弥次喜多道中」をやってる気分でもあります。

1か月で4度もコケるって……

80歳になって、一番先に受けた洗礼は、「むせる」でした。僕は辛いものが大好きで、とくに好きなのは粉唐辛子をドバドバッとかけたうどん。スパゲティならタバスコをたっぷりかけて食べます。「そんなに辛いの、よく平気ですね」って若いころから言われていたけど、それが僕にはおいしいんだもの。ところが、ある日、うどんに唐辛子を山ほどかけて食べていたら、急にむせてせき込んだの。

そののどに唐辛子が引っかかってる感じ。こんなこと一度もなかったのにおかしい、その日はそう考えただけでした。それから何日か経って、うな重に山椒をドバドバかけて食べていたら、またむせちゃった。

おかしい、これはきっとのどに病気があるに違いない。そう考えて病院に行ったら、僕ののどを小型カメラで診てくれた先生に言われました。

「萩本さん、のどは何も悪いところがありません。唐辛子や粉類でむせるって、高齢の人にはけっこうあることですよ」

病気じゃなくて年齢のせい、と言われちゃった。テレビを見ながらとか、しゃべりながら食べるとむせやすい、とも言われて気づきました。それ、僕の食べ方。先生のアドバイス通り、黙って食べるようにしたら、「むせる」問題は解決しました。

やれやれ、と思ったのもつかの間、そこからが怒涛の攻撃。1か月のあいだに4回もコケたんです。

1回目は植物にお水をあげようと思って庭に出たとき。頭がクラッとしたあと、じょうろを持ったまま後ろに倒れて、石灯籠にガ〜ンと頭をぶつけた。でも病院に行くほどじゃないと思って、そのままにしてました。

2回目は家の中で人と話しながら螺旋階段を下りていたとき、「そうだろう？」って後ろを振り向いたとたん、壁にガ～ン！　今度はおでこをしたたか打ちました。うちの壁はコンクリートだから、ぶつけた瞬間目の前に火花がバチバチッと飛んだ。

このときもすぐには病院に行かなかったけど、やっぱり気になって1週間後に行きました。骨の検査、脳の検査をしてもらって、結果は「異常なし」。ちょっと安心して、あとは痛みがだんだん消えるのを待つだけと思ったら、痛みが消えないうちに3回目のガ～ンがやってきちゃった。

今度はトイレの扉。なんでそんなものにぶつかるのか、わけわかんないでしょ？　夜中に目が覚めて、トイレに行ったんです。まあ、これ自体も年寄りの証拠かもしれないけど、勝手知ったる我が家のトイレですから、電気をつけずに真っ暗な中でもベッドとトイレを往復できます。

その日もほぼ真っ暗な中、ベッドから出てヒュンと進んでキュッと曲がってトイレにたどり着き、ドアをピッと開け……ようとしたら、ガ～ンとぶつかった。トイレのドアが開いていたんですよ。だから扉を開けようとして伸ばした手は扉の横をすり抜けて、顔が扉に当たっちゃった。このときはおでこを切って、けっこう血が出ました。でも誰に文句を言うわけにもいかない、扉を開けっぱなしにしていたのは僕ですからね。

これも病院では「骨と脳には異常なし」の診断。二度あることは三度あるということで、さすがにこれで打ち止めだろうと思っていたら、すぐに4度目がやってきました。

今度は外出しようとしたとき。僕は靴ベラを使って履く靴は嫌いだから、足をぽこっと入れるだけで履けるような靴が玄関に置いてあるの。いつものように玄関に降り、足をスポッと靴に入れて歩き出したつもりが、なぜかまたガ〜ン！　玄関の扉に頭から突っ込んだ。このときも痛かったけど、それより「ウソッ、何で⁉」っていう気持ちが強くて、「あんた、ほんとに欽ちゃん?」って、自分に問いかけてる自分がいました。

ま〜た病院で受診。今回も「骨にも脳にも異常なし」と言われたものの、頭を何度も打ってるものだから、また3か月後に再検査。その検査でも異常はなかったものの、首の痛みが半年経ってもとれません。はい、これが萩本欽一80歳の現実です。

身体が弱る分、やさしくなる

そんなわけで4度のガ～ンを体験したけれど、悪いことは悪いことだけで終わりません。自分が続けざまにコケたことで、僕の奥さん、スミちゃんの気持ちがわかりました。スミちゃんは病気で通院をくり返していた4年間に4回転んで2回骨折したんです。それを見ていたときは、な～んで4回も転ぶかなぁ、2回も転べば気をつけるようになるんじゃない？　と思ってました。

違うんだね、スミちゃん。長く生きているとそれまでフツーにできていたことが、少しズレてくる。脳が指令することや、長年の習慣で身体が覚えていることをやっているつもりが、0コンマ何秒か遅れちゃうんだと思う。スミちゃんは僕や息子たちの前でことさら「元気」な姿を見せようとして、けっこう無理してたんだろうね。

自分のけがで思ったのは、スミちゃんのことだけじゃありません。台風のときに、畑や川の様子を見に行って流された人のニュースがよくあるでしょ。あれを見て、以前は川が増水するのはわかりきっているのに、何で見に行っちゃうんだろうと思ってました。被害にあった人とご家族に、「ごめんなさい」。今はわかります。自分の家や畑の安全を確認しようと思って、若いときの体力感覚のまま、心配で家を出ちゃったんでしょうね。自分ではぜんぜん大丈夫だと思って、けっこう危ないところまで行ってたんだと思う。だから川に落ちたり水に流されたとき、多分僕と同じように「ウソッ！」って思ってたんじゃないかな。

若いときと違って、足元が悪いとつまずいたり、風が吹いただけでフラッとするようになるなんて、それが実際に起きてからじゃないと気づけないんですよね。

畑や家や家族を守ろうとする勇気は素晴らしいけれど、歳をとったら自分の安全を守ってじっとしている勇気も必要なんだって気づきました。

「働き方」の章で、「転ばぬ先の杖より転んだあとの杖」の話をするけれど、80歳近くなったら「転ばぬ先の杖」も一本用意しておいたほうがいいよね。

のども渇いてないのに脱水症⁉

僕は、あまり水分をとりません。仕事のとき、しょっちゅうトイレに行っていると一緒にやっている人に悪いじゃない。長い取材のときも、途中で「ちょっとトイレ」なんて席を立つと相手に失礼だと思って、あまり水を飲まないようにしているんです。

もうそれが習慣になっているから、水分が少なくても平気な身体になっている。そう思い込んでいたら、しっぺ返しがきました。おかげさまで、これまで大病もしないで過ごしてきましたが、じつは70代の後半に脱水症で倒れたことがあるの。それも3回！

最初はＮＨＫのスタジオで『欽ちゃんのアドリブで笑』を収録した日、本番が終わったら目の前に現実と違う絵が現れた。ワイドスクリーンみたいな横長の枠に、黄色っぽくてきれいな絵が見えて、「あれ〜、これ、何だろう?」と思ったところで意識が途切れました。そのまま気絶しちゃったんですね。

気がついたのは病院でした。目の前に白衣の先生の顔があったので、ああ、病院にいるんだなと思ったら、先生に言われました。

「萩本さん、水飲んでないだろ！」

「あ、そういえば飲むの忘れてた」

身体を動かそうとしたら、点滴の針が刺さっていたので、「これ、何？」と先生に聞いたら、「水だよ。萩本さん、これ、あと3時間放っておいたら死んでたよ」って。

びっくりしたけど、水とかミネラル分を補給すれば治ると言うの。ほっとけば3時間で死んじゃうけど、点滴すれば3時間で回復って……ほんとかな……？

ほんとでした。3時間かけてたっぷり点滴したら気分スッキリ。それからは気をつけて水分をとるようにしてたんだけど、同じ番組のリハーサル中にま～た倒れちゃった。仕事に熱中すると、つい水分補給を忘れちゃうんです。

また病院で点滴を受けてたとき、「先生、明日本番なんです」と言ったら、「あっ、控えたほうがいいな」って言われたけど、予定通り収録しました。今だから言うけれど、この日のできがいちばんよかった。僕が前日に倒れたことは、みんなに知れわたってているから、もしできが悪いと「体調が回復してないんだな」って、心配されるでしょ。だから、いつも以上に気合を入れなくちゃ、と思って頑張ったんです。

それで自信をもったわけでもないんだけど、またやっちゃいました。今度は僕の劇団の稽古中で、ちょうどＮＨＫの『プロフェッショナル』が撮影にきていたので、倒れた場面がテレビに映っちゃった。でも、このときは舞台にへたりこんだ時点で、すぐブドウ糖やカリウム入りの水を飲んで復活したんです。さすがに僕も、こういう飲料を用意しておくようになってました。このとき飲んだのは大塚製薬のＯＳ－１という飲み物で、それもテレビに映ったらしい。放送を大塚製薬の社長さんがたまたま見ていて、ＯＳ－1をたくさん送ってきてくれました。

ほんとにこれ、優れものです。飲んで30分もしないうち、気分がよくなってきた。だけどね、ほんとはこういう飲み方じゃいけないんです。脱水症って、「のどが渇いたな」と思ったときにはもう遅いらしい。のどの渇きを覚えないうちに少しずつ水分補給をしていないとだめ。脱水症を避ける方法は、3度痛い目にあってようやく覚えました。今は以前よりずっと水分補給に気をつけています。出かけるときはマイ水筒持参だしね。って、これはお年寄りの常識らしいから自慢にもならないけど、脱水症の怖さはみんなにも伝えたいなと思って。

最初に救急車で運ばれたとき、「3時間放っておいたら死ぬ」って言われたでしょ。そのあと先生は、「救急車が早く来てくれてよかったですね」とも言ってました。そのときはああそうなんだ、と思っただけだったけど、コロナが蔓延している今だったら、本当に死活問題ですよね。だから水分補給はとっても大事。できれば40代ぐらいからこれを意識していたほうがいいと思います。

植物って心身の健康に役立ちます

水分補給といえば、植物への水分補給も欠かさないようにしています。今住んでいる家にはベランダに庭みたいなスペースがあって、以前から木も草花もあった。でも、長いことまともに手入れをしたことも、ゆっくり見たこともありませんでした。ず～っと仕事ばっかりしてたし、旅先では素敵な景色も草木もぜんぜん目に入ってこなかった。

でも、歳をとってきたら、少しずつ庭に関心が向くようになってきました。一気に草木と関わりが深くなったのは、コロナの流行がきっかけ。家にいる時間が長くなったので、庭の手入れでもしてみようと思って。そうしたら、3本ある木の1本がほとんど枯れかけてました。それはそうだよね、ろくに世話をしてもらってないんだから。間にあわないかなと思いつつ新しい土を入れてあげたら、青々としてきた。お前ずっと耐えてたんだな、と話しかけたら、愛着がわいてきちゃった。

うちには赤い実が生る木もあって、それは鳥が運んできた種から芽が出て育ったの。鳥もいろいろ来ますよ。去年までメジロに餌をあげてたんだけど、急に来なくなっちゃった。3組の夫婦と独身の1羽、ぜんぶ揃って消えちゃったのは何故なんだろう？

木と鳥を見ているうち、花も育ててみようと思うようになった。こういうとき、普通はきれいな花畑をつくろうと思いますよね。でも僕は、「いちばん趣味の悪い庭をつくろう」と思って、赤い花だけ置くようにしたの。

よく見る花から名前も知らない花まで、とにかく赤い花だけ揃えてみたら半分が冬を越せないので、冬は庭から部屋に移したりけっこう世話が大変。でも、見つけたんですよ、ほったらかしにしていても毎年咲く花。アマリリスです。

毎年春になるとつつじが咲いて、そのあとヒュ～ッと突然茎が伸びてきて、ポッと大きなアマリリスが咲く。1週間咲くと消えていっちゃいますが、次のアマリリスがまたポッと咲いて、それが終わるとまたポッと次の花に代わる。今は3本アマリリスがあるので、春はアマリリスだけで3週間楽しめます。

草木を見て「きれいだな」と感じるとき、人生に少しゆとりが出てきたのかなと思う。話をしながらつき合っていると、何かを教えてくれるところが草木のいいところなんだよね。見るたびにつぼみが大きくなってたり、きれいに咲いたなと思っていた花がもう枯れていたり。こういうのにしみじみするのって、年寄りの特権じゃない？

去年の夏は、暑さに弱い花を家に入れず、外に置いたままにしてみました。「お前、辛いよな、暑いだろうけどここでひと夏我慢して強くなってくれ」って話しかけたりしながらね。だんだん葉っぱが茶色くなってダメかなと思ったけど、あきらめないで水だけ欠かさずにあげてたら、また葉が青く、大きくなった。冬はビニールで囲って温室風にしてあげたら冬場も乗り切って、春になるとまた咲いてくれるようになりました。

草木に話しかけられるようになるって、年齢だと思う。僕の場合は70歳を迎えたころ、草木にようやく目がいくようになった。感動できるようにもなった。

「欽ちゃん、早くお水ちょうだい、もう死にそうなんだから」なんて草木の声がもっと聞こえるようになれば、自分の身体の声にも敏感になって、健康にいいんじゃないかな。

年寄りは病気の話から始めよう

病気やけがの話ばっかりしてるけど、僕はこういう話、たくさんの人にしたほうがいいと思ってます。年寄りばっかり集まるような場所に行ったら、最初にみんなで「今週の不調」を発表し合うのがいいんじゃないかな。

多分、現実は逆でしょ？　友達のお爺ちゃんがおでこにコブをつくっているから「どうしたの？」と聞くと、たいてい「えっ、いや、なんでもないよ」なんて言いません？　隠したがる人のほうが多いような気がするの。病気の話にしても、なるべく人に知られたくない、と思ってません？

隠したいと思っていると、気持ちがマイナスのほうに傾くから、顔の輝きが少なくなっちゃう気がします。病気もけがも、みんなが通る道ですよね。行き着く果てだってみんな同じでしょ？　天国か地獄かで分かれる？　いや、その問題は、誰も行って帰ってきた人がいないから、考えなくていいと思うな。それより、今現実に起きたことの驚きを、プラスの方向に広げていったほうが楽しいよね。

「聞いてくれよ、じつは昨日、トイレのドアにおでこをぶつけちゃってさ」

「あ、私もこのあいだやった。トイレのドアにぶつかるなんて私だけかと思ってたから、今まで言えなかったんだけど」

「トイレのドアにぶつかった？　何やってんの、２人とも。俺なんか部屋の柱。ドアよりマトが小さいところに頭が命中しちゃったよ」

こんなふうに、みんなが明るく言うようになると、自分の身体に自信をなくしかけてる人も安心できますよね。自分だけじゃない、みんなそれぞれ身体が変化しているんだって。それに人の話のなかから、ケガや病気に対する用心の仕方とか、治療法の最新情報なんかも学べちゃうんじゃない？　僕は同年代の人たちと会ったら、転び方の話をしたいと思ってるの。若い人と歳をとった人では、こけ方がぜんぜん違うんですよ。

若い女の人はスッテ～ンって転んでスカートがめくれたりすると恥ずかしいから、「私は転んだつもりはありません」という感じで、去って行こうとする。若い男の人も、「転んでませんよ」っていう顔をして早足で去って行く。これ自体、いい笑いになってるんだけど、周囲の人は笑っちゃいけないと思って、見なかったフリをしてますね。

お年寄りは見栄をはらない分、かわいいですよ。スッテ～ンと転んだ瞬間、「あらら

〜っ」とか、「おっと、やっちまった！」なんて自然と声が出ちゃう。これだと周りの人も見ないフリをしないですむし、「大丈夫ですか？」って声をかけやすくなる。だとしたら、転んだときはちょっと大げさに「あれ〜っ」とか「今日2度目だよ〜」なんて叫んで、周りの若い人の「助けてあげなくちゃ」という気持ちをプッシュしてあげたほうがいいね。ささいなことでも「人の役に立った」と思えば気分がよくなるから、これはお年寄りの「若い者孝行」にもつながります。

僕も外で転んだらそうしようっと。いや、その前に、「こけない方法」を誰か知っていたら教えて〜！

80歳過ぎて元気な人の共通点

これまで番組のなかで大勢のお年寄りに会ってきました。100歳前後でとても元気な人もいて、話を聞いてみるとある共通点が見つかったの。

まず結論から言っちゃうと、常識にとらわれず、自分の好きなように生きること。お酒やたばこ、脂や塩分を避けて適度な運動を続けたからって、健康で長生きできるとは限らない。僕が出会った長寿スターは、みんな独自の信念をもっていました。

たとえば、味噌汁で長生きしているお婆ちゃんがいた。味噌汁で長生きって、普通っぽいでしょ。でも、ちょっと違うの。

「欽ちゃん、味噌汁の具は好きか?」

「好き。わかめも好きだし、じゃがいもも。いちばんは豆腐かな」

「あ、そう。じゃあ味噌汁が好きなんじゃなく、具が好きなんだね」

「えっ、ちょっと待って。具も汁も両方で味噌汁なんじゃないの?」

「そんな考えじゃ長生きはしないね」

この会話、わけわかんないでしょ? そのお婆ちゃんによると、味噌汁の具は煮ると栄養がぜんぶ汁の中に入るから、食べるときは具を捨てて汁だけ飲むんだって。

「味噌汁の具はカスだから、それも食べちゃうと胃に悪いんだよ」

自信たっぷりにこう言うので、ちょっと信じたくなっちゃった。ほかには、トンカツが大好きでほぼ毎食トンカツとご飯、というお爺ちゃんもいましたね。トンカツを食べないときは何を食べるのか聞いたときの答えがまた素敵でね。

「トンカツばっかりじゃ飽きるから、たまには昼飯をカツ丼にするんだ」

お医者さんには「脂ものばかり食べちゃだめ」と言われてるけど、「医者の言うことを聞いても長生きできないよ」って。好きだな、こういうお爺ちゃん。

もう一人、「薬草のゲンノショウコが長生きの秘訣」というお爺ちゃんにも会ったけれど、この人の場合はそれにまつわる話にびっくりしちゃった。

九州に住んでいたそのお爺ちゃん、もとは警察官で若いころ殺人事件の担当になったんだって。被害者は身元が不明の若い女性で、捜査はすごく難航した。その難航の理由がびっくりなんですよ。年齢を「若い」と推定された被害者女性は、よくよく調べてみたら80歳を過ぎたお婆ちゃん！　しかも、犯人を捕まえて聴取したら、犯行動機は「痴情のもつれ」だっていうから二度びっくり。

それはともかく、まだ事件の捜査途中、若き警官だったお爺ちゃんは、ふとあることに思い至ったそうです。身元がわかって被害者の家を捜索したとき、押し入れに大量のゲンノショウコがあった。で、彼女の若さの秘訣はゲンノショウコに違いない、とひらめいたんですね。事件を捜査しながら、被害者の身内や知り合いにゲンノショウコについても聞いたところ、市販品ではなく被害者のお婆ちゃんが自分で採取してたものだとわかり、ちゃっかりその場所まで聞きだしました。

それで事件解決後に自分でも採りに行って、それ以来欠かせない「長生きの秘訣」になったというお話。もちろん僕は聞きましたよ。

「で、そのゲンノショウコ、どこに行けば手に入るの？」

教えてもらえませんでしたが、自分で採ってきたものをプレゼントしてくれました。お湯に入れて飲んでみたらいい感じだったんで、あとで薬局の人に聞いてみたら、やっぱり市販品じゃなかった。お爺ちゃんの言った通り、あのゲンノショウコは特定の地域だけで育つ貴重なものでした。何回か飲んだ分、僕の寿命も延びてるかもしれないね。

体調管理はぐっちゃぐちゃ

80歳になったからと言って、これから長生きしたいと思ってるわけでもありません。好きな仕事をずーっとしていたいから、これからは「健康」っていう言葉をいつも頭のどこかに置いておかなくちゃ、と思うだけ。僕が思う究極の笑いは、浅草の舞台で覚えた「身体を使う笑い」だから、頭をぶつけてたり、首を痛めてる場合じゃないんです。だから、「ぶつかる」「コケる」を回避する対策だけは考えました。階段を上るときは、電車の車掌さんみたいに、「出発進行～、上にまいりま～す」って言ってから上がり始める。ちょっと脚が疲れると、階段の途中で「足元にお気をつけくださ～い」とか「あと5段でございます。お急ぎのないようにお願いいたします」と言ったり、上の階に着いたときは「到着いたしました。上～、上でございま～す」と言ってるの。

朝、新聞を取りに行くときなんか、まだ頭も身体も起きていなくて危ないから、アナウンスつきで注意しながら階段の上り下りをしています。僕の場合は周りに人がいないからいいけど、家族と一緒に暮らしていたり、施設で暮らしている人は、まねしないほうがいいと思う。「一人で電車ごっこなんかしておかしい」と思われちゃいますからね。

コロナの感染拡大以降、外出する機会がパタッとなくなったから、家の中で歩くようにしています。歩いた距離や歩数が数字で出ると励みになるから、歩数計も買いました。置き場所をきっちり決めて、朝起きるとまず歩数計を腰につけるようにしてます。だけど何度か、歩数計が行方不明になっちゃった。発見場所はいつも同じ。パジャマの腰にくっついてるの。

これには理由があるんです。僕の家は3階建てで、2階を仕事部屋、3階を寝室にしています。寝室で本を読んだりすると、考え込んで眠れなくなるから、睡魔に襲われるぎりぎりまで2階で仕事のことを考えるようにしてる。

眠くなったらチャンス到来。歩数計を置いて、眠気が覚めないように薄目でそ〜っと3階に上がって布団にもぐり込む。ところがときたま、こう考えるんです。ここから3

階に行って横になるまで、20歩ぐらい歩くんだから、歩数計にこれも記録しておきたい、って。こういうとき、無意識にまた歩数計を腰につけて階段を上り、そのまま外すのを忘れて寝ちゃうんだよね。まだまだ僕、80歳の身体をうまくコントロールできないんです。健康志向はすご〜くあるけど、体調管理はぐっちゃぐちゃ。

誰も思いつかない「終活」

身体がだいぶ弱ってきたぞ、と意識したとき、「終活」っていう言葉が頭に浮かぶ人が多いと思います。この言葉、あっという間に広がりましたもんね。

終活って、自分が死んだあと、どういう葬儀をするかとか、お金を誰に残していくかとかを決めることでしょ？　自分が死ぬときを到達点として、そこから考えていくって、な〜んとなく「明るい」感じがしないんですよね。

僕の場合は、到達点を自分の死後のず〜っと先に置いてます。死んだ直後の「後始末」的なことではなく、そのあともみんなを楽しませる方法を考えるのがメイン。終活を超えて、「死んだあとの生き方」を考えているんです。

もちろん、死ぬときのことも考えていないわけじゃありません。自分の「死」について、初めてまともに考えたのは、浅草の修行時代でした。

先輩のコメディアンが脊髄を損傷して、30代で命を落としたんです。死の間際まで、「まだ死にたくね～よ～」と言いながら亡くなっていった。とても才能がある人で、ほかの先輩たちがみんな残念がってました。

そんな死を間近に見て、「死にたくない」って言いながら死んじゃうっていちばん悲しいな、と思ったのを今も強烈に覚えてます。才能ある若い人が命を閉じるというだけでも悲しいのに、「死にたくない」と言って死んじゃうなんて余計に悲しい。僕はどんな状況で命を閉じることになっても、「死にたくない」って言葉に出すのだけはやめよう。20歳ぐらいだった僕は、そう決めたんです。

80歳になった今は、「気づかないうちに死んでる」っていうのが幸せなんじゃないかと思ってます。死ぬ間際に、「えっ、俺の番？　あっ、俺今死ぬんだ」って気づいてもいいか。とにかくそんな感じで静かにいなくなりたい。

お葬式に関しては、70代のころから考えてました。スピーチのトップバッターは勝俣（州和）がいいな。きっと勝俣はアガってトチるだろうから、あとに続く人の気持ちを楽にしてくれる。会場にはお経の代わりに、堀内孝雄くんが僕のためにつくってくれた『大将』という曲を流そう、とかね。

今はもっとお葬式を進化させなきゃ、と思ってます。手を合わせて拝むのは禁止、とかね。合掌されると「さよなら」って言われてるみたいじゃない。まあ僕の葬式だから僕はそのとき死んでるんだけど、僕の棺の前に来たら「よっ、大将、来たよ。じゃあね」って、それだけ言ってほしいの。

死んだあとも僕は何らかの形で生きているつもりだから、「さよなら」じゃなく、「またね」という気持ちで来てほしい。お葬式に慣れてる人は、つい手を合わせちゃうかもしれないな。その場合は、合掌の形から小さな拍手にしてごまかしてね。

欽ちゃん流「健康」の流儀

歳をとってからは
自分の「身体」と弥次喜多珍道中。
身体が思った通りに動かず、
違う人生がやってくる。

それを「笑い」に変えていこう。
「終活」なんて、
マイナスなことは考えずにね。

2

「働き方」の流儀

仕事などで失敗したとき。

自分が**ふがいない**と思ったとき。

定年後は働きたくない人。

生涯現役でいたい人。
年を重ねたとき、
「**仕事**」と**どう向き合う**？

引いて行く波には逆らわない

お勤めをしている人には「定年退職」がありますね。「40年間、お疲れさまでした」なんて、花束なんかもらったりして。美しい光景ですけど、でもちょっと斜めから見ると、「もうあなたはこの会社に必要ありませんよ」と言われているわけですよね。ていねいな言葉で、のけ者にされていく。定年退職だけじゃなくて、歳をとるとこういう場面がいくつもやってくるんじゃないかな。

僕たちの仕事に定年はないけれど、逆に厳しい面もあるんです。舞台でウケないとか、テレビだと視聴率が上がらないと、「今までお疲れさま」って言われちゃう。僕にもそんなときがありました。

「この番組、人気がないから終わります。辞めてください」って、露骨にはみんな言いません。やっぱりこういうときって、お勤めをしている人と同じようにきれいな言葉で脇に追いやられていくの。でも、それ自体は悪くないですよね。「別れ」の章でまた言いますけど、別れるときに「きれいな言葉」「やさしい言葉」は必要だと思う。

でもね、「要らないよ」って言われるまでそこにいるっていうことが、僕には耐えられない。どんな言葉にせよ、辞めてちょーだいっていう「宣告」を受けるときは、空気でわかります。周囲から少しずつ人が遠ざかって行くの、波が引いて行くみたいに。

毎日のようにテレビに出演していたころも、大きな波が寄せてくる陰で、す〜っと引いて行く波もありました。でもあるとき、気がついたんです。ちょうど40歳を過ぎたころかな。あれっ、全体的に引き潮になってきてる……。でも、よく考えてみたら当たり前。それまでの僕は、運がよすぎたんです。才能があるわけでもないのに、いくつもの夢を叶えちゃった。もうこれ以上、運が続くわけないよな。

そう考えて、テレビのレギュラー番組をぜんぶまとめて辞めました。『仮装大賞』もこのとき降板を申し出たんだけど、きれいな言葉で引き止められて、これだけが残っちゃった。

「ほかの番組は大将の看板がついてる番組だから、大将が辞めると言ったら止められないでしょうね。でも、『仮装大賞』は出演者がつくっている番組で、大将は司会者ですよね。だから辞めちゃだめ」

うまいこと言うよね。やっぱり言葉の力ってすごい。この時期はそんなことも考えて、別のことに気づいちゃった。これまでたくさんの人の言葉に感動してきたけど、僕自身には言葉が足りない。もっとたくさん言葉を覚えないと、この先いい仕事なんてできない。言葉だけじゃなく、歴史も社会も勉強が足りないや……。

中学校も高校も、家計を助けるためにずっとアルバイトをしていてあまり勉強していなかったから、当然と言えば当然。気づくのが遅いよね。

でも、遅くたって気づいたらそれを変えていけばいいんです。僕の場合は、テレビの仕事をほぼ辞めた40代で、河合塾に入りました。正式に手続きをして、千駄ヶ谷校に通ったんです。でも、周りの塾生たちが落ち着かなくなるという理由で、途中から僕の家での個人授業になりました。この勉強がどれだけその後の仕事に役立ったかはわかりませんが、勉強って死ぬまで必要なんじゃないかなと思ってます。

いいときに辞める「勇気」が必要

身の引き方には、その人の生き方が現れます。ズルいことはしない、得しようとしないで生きてきた人の引き際は潔くて美しいはず。そう思っていたので、僕も引き際をきれいにしたいと思って生きてきました。

できれば仕事がうまくいっているときスッと身を引いて、ぜんぜん別の仕事を始めたい。そうも思っていたんですけど、簡単じゃないですよね。

僕たちコメディアンには、ドッカ～ンとウケるとうれしくて、次も同じことをやっちゃう習性があります。それでまたウケたらその次もまた……マンネリって、ぬるま湯に浸かっているみたいで気持ちがいいから、なかなか抜け出せない。

だから、坂上二郎さんとのコント55号では、最初から「同じネタはくり返さない」と

決めてました。でも、いろいろな事情でぜんぶ守れたわけじゃないし、波が来ていると
きに自分から引くってやっぱり大変。
この本の最初にNHKラジオの番組を辞めるとき、決断してからしばらく言いだせ
なかった話をしましたが、『仮装大賞』もそうでした。もうそろそろ退かなくちゃと思
いながら、どう言いだそうか考えあぐねて……結局、収録中にポロッとこんな言葉が出
ちゃった。
「僕は今年で終わりです」
あの場で言おうと思っていたわけじゃなく、まったくのアドリブだったけど、いつか
どこかで言わなくちゃ、とは思ってた。もう、20年ぐらい前からね。そのもっと前に、
一度降板をお願いして引き止められたことがあるから、2度目は収録中に言っちゃった
のかもしれないな。でも今回はきっと、制作サイドも僕の降板時期を考え始めていたん
じゃないかな。視聴率もだんだん落ちてきていたからね。
『仮装大賞』は45年近くも続けてきた番組だし、愛着がありすぎるほどたっぷりありま

す。でもね、僕にとっては視聴率30パーセントが基準だから、20パーセントを切った時点で、自分の役割が果たせた気がしなくて、心が苦しくてね。

しかも、視聴率が下がっても僕のギャラは下がらなかった。僕はどの仕事でも自分がもらっているギャラの額を知らないんだけど、『仮装大賞』だけは数字が下がったとき番組プロデューサーにそっと聞いてみたら、びっくりするような額だった。

「それ、高すぎだよ。数字が上がっているときの額だよ。もう数字が下がったんだから『欽ちゃんのギャラ高すぎます』ってもっと偉い人にお前から言って下げて」

プロデューサーにそう言って、何年も前にギャラを下げてもらいました。自分からわざわざテレビ局の偉い人に言いに行くと、また『萩本欽一はいい人だ』って誤解されるし、プロデューサーが言いだせば彼の手柄になるかなと思って。

自分のギャラを下げるのも自分から辞めるのも辛いよ。でも、僕の名前がついている番組だから、責任をとらなくちゃいけない。

と言うとカッコよく聞こえるかもしれないけど、向こうから先に「あなたは今回で終わりです」って言われたら立ち直れない、というのももう一つの本音。本音っていつも一つだけじゃなく、いろいろな気持ちが入り交じっていますね。

サラリーマンの皆さんは、定年近くなってから辞めるのってすごく勇気がいることでしょうね。だけど、もし「居場所がなくなったな」とか、「ほかのこともしてみたくなったな」と思ったら、勇気を出して辞めてもいいんじゃないかな。勇気ある行動って、そのあとの人生にぜったいいいことを運んでくると思うんです。

会議をやめて反省会をたっぷりと

「うちの会社、会議が長いんですよ〜」

こんなぼやきがあちらこちらから聞こえてきます。日本人って、会議が好きなんですね。その大きな理由はきっと、「失敗したくないから、最初にきちんと決めておこう」じゃないかな。僕が参加する仕事は、会議時間ゼロ。大枠を決めて担当者を振り分けたら、一斉に走り出します。

何で会議をしないか？　まず第一に、仲間を嫌いになりたくないから。会議を開くと、どうしても人間の好き嫌いが出ちゃうんです。自分の意見を「面白くねえよ」と言われたら、そのあとその人としゃべりたくなくなったり、「それいいね～」と言われると暴走してしゃべりつづけ、「あいつばっかり目立ちやがって」と人から反感や嫉妬を買う。だいたい日本人は慣れてないんじゃないかな、議論を闘わせて物事を決めていくというシステム。今の子どもたちはわからないけど、昭和の日本人は人前で自分の意見を言うのが苦手。年功序列の時代が長く続いていたから、上司と違う意見が言いにくい雰囲気が残っているのかもしれないね。

でもね、会議をしようがしまいが、物事ってたいてい最初は失敗します。会議でちゃんと決めたことが失敗したら、会議のリーダーが責任をとらなくちゃいけないでしょ。だ～から会議はしない。最初から一人一人で責任を分担していたほうがいいんじゃない？　新しい仕事を始めるとき、自分の役割が与えられていると、責任を果たそうと思ってそれぞれが一生懸命考えるんです。

それでも失敗しちゃうのが人間。でも、この場合は自分で考えた自分の役割上の失敗だから、人のせいにはできない。そこでまた一生懸命軌道修正してくれます。

こういうやり方なら、仕事が終わったあと「うまく行ったね！」と言うと、みんな「自分も頑張ったな」という満足感が生まれるでしょ。これが会議をしない第二の理由。

その代わり、反省会はたっぷりやります。と言っても、「あそこがもの足りなかった」とか、「次はこうしたい」ということは一言も言わない。ただただ、僕が長〜くしゃべってます。そうするとね、人がよく見えるんです。優秀な人や要領のいい人は、終わったあとに自分の用事を入れているから、反省会が長くなると時間が気になって時計ばかり見てる。まじめだけど要領が悪い人、自信がない人はどんなに長くても人の話をちゃんと聞いてくれる。

話をちゃんと聞いている人を見つけると、次の仕事のときもう少し重い責任をもたせてあげよう、と思えるんですよ。少しずつむずかしくなる役割をこなしているうちにだんだん自信が出てきて、いい仕事をしてくれるようになる。反省会って、そのために長くやってます。

「転ばぬ先の杖」ということわざがあるけれど、僕は「転んだあとの杖」と言いたいね。転ばないように支えるんじゃなく、転んだあと一人で立ち上がろうとする杖のほうがいい。誰かが転んだら、自分が持っている杖をさりげなくその人に差し出せば、杖の価値がもっと高まるんじゃないかな。

平らな近道より険しい道を遠回り

すぐ目の前に「成功」や「チャンス」が見えたとき、まっすぐ進んでつかみ取りたくなりますよね。でも、それでは大きな運が逃げてしまいます。一瞬、成功やチャンスをつかんだ気分にはなれるかもしれないけれど、簡単な道には必ず落とし穴が隠されているの。僕はずっと、そのことを頭に入れて仕事を続けてきました。険しい道、遠回りの道を選ぶと、進んでいるときは苦しくても、大きな運にぶち当たるんです。そんな例は山ほどありますが、ここでは一つだけ紹介しますね。

『欽どこ!(欽ちゃんのどこまでやるの!)』で「見栄晴くん」役の子役を探したときのエピソード。「見栄晴」といえば、役名をそのまま芸名にしてしまったタレントの見栄晴がすぐ浮かぶかもしれませんが、あの見栄晴くんは三代目なんです。

「夫婦」という設定だった真屋順子さんと僕のあいだに生まれた男の子の役名が見栄晴で、初代は赤ちゃん人形でした。その後、幼稚園生になった見栄晴をテレビに登場させたくて、「幼稚園児のかわいい子を探してきて」とディレクターに頼んだら、「わかりました」って子役のプロダクションに電話しようとしている。

びっくりした僕は、「それはやめてほしいな。近いところ、早いところには運がないと思うよ」とディレクターに言ったんです。

それから待つこと2か月。ようやくディレクターが、「見つけましたっ!」と報告にきたんで、「ずいぶん長くかかったね。どうやって見つけたの?」と聞いたら、これがすごかった。

「はい、いろんな幼稚園を回って、隠れて園児を見てたんです。毎日それをやってたら、不審者だと思われて、2回警察に捕まりました。でも、おかげですごくいい子を見つけました。連れてくるから一度会ってください」

それで僕、こう言ったんです。

「いやいや、もうその子でオッケー！　2回警察に捕まって選んだ時点で、お前にもその子にも運が来てるよ。もし僕が会って『この子かぁ……』って二の足を踏んだら、お前の素敵な物語が台無しになっちゃう。その子、本番の日に連れてきて」

こうしてテレビに登場した二代目見栄晴が、幼稚園児の西澤祐一郎くんでした。かわいくて人気者になったでしょ。

その祐一郎くんも、今や40代の半ば。アメリカのニュージャージー州で大学教授になっています。幼少期にテレビの世界を体験したことでデザインに興味がわいて、高校時代にアメリカ留学したら才能開花、そのまま大学教授にまでなったんです。

人生、どんなことが転機になるかわかりませんが、近道、早い道を安易に選ばないほうがいいことだけは、確信をもって言い切れちゃう。

仕事で一見損をするような道を選ぶと昇進はちょっと遅れるかもしれないけれど、あなたの努力を見ていてくれる人はぜったいどこかにいます。

仕事を「面白くする」のは自分

「欽ちゃんはいつも楽しそうに仕事をしてますけど、どうやったら仕事が楽しくなるんですか？」

「自分が楽しめそうな仕事って、どうやって探せばいいんでしょう？」

若い人たちからよくこんなことを聞かれます。僕の答えはこう。

「最初から『楽しい！』と思える仕事なんてないよ。仕事って、自分自身で面白くしていくの」

そう言うと、たいていの人はこう言います。

「でも欽ちゃんは、コメディアンになりたくて浅草の劇場に入ったんですよね？　だったら最初から楽しかったんじゃないですか？」

ぜ〜んぜん！　そもそも僕がコメディアンを目指したのは、家がものすごく貧乏だったから、お金を稼げそうな仕事を選んだだけだしね。この話はあとでするけれど、とにかく浅草の新人時代は「稼げない」「面白くない」「才能はない」のないない尽くし。

でも、我慢して続けないと「一流のコメディアンになって母親のために家を建てる」という夢にたどりつけないから、足りないところを懸命に補充しようとしてた。

根っからのアガリ症で小さい声しか出せなくて、座長に「お前の声は舞台の後ろまで聴こえね〜んだよ！」と言われたので、毎朝誰よりも早く劇場に行って、「俺は萩本欽一だ〜っ！」って舞台の上から大声を出す練習をしてました。

僕が入った劇場は踊り子さんがメインで、踊りの合間に出て行くのがコメディアンの役目。ときには踊り子さんと一緒に踊る場面もあって、そこでまた言われちゃった。

「お前、ホントにリズム感がないな！」

言われてみればその通り。いつも振付についていけなくて、踊り子さんたちにも笑われてました。どうやったらリズム感が身につくか……考えた結果、ドラムの練習をすることにしたんです。有名なジャズドラマーの教則本を買って、ドンチッチ、ドドンチッチ……と毎日練習していたら、いつの間にか劇場付きのバンドマスターから「うちのドラマーにならないか？」って言われるぐらい、叩けるようになってました。

それでリズム感は多少よくなったかもしれませんが、何もかもが人より遅れていた僕は、ある日とうとう座長から「クビ」を宣告されちゃった。

そのとき、思いがけず救いの声が聞こえたんです。

「こいつ、一生懸命練習しています。それに、何か言われたとき『はい〜っ！』って元気な返事をするんです。それに免じて、クビは勘弁してください」

先輩がそう言ってくれたんです。毎朝僕が舞台で大声を出す練習をしていたのを見ていたお掃除のおばちゃんも味方をしてくれて、なんとか首がつながりました。

でも、これで仕事が楽しくなったわけじゃない。目標の一つだったテレビ出演が叶ったと思ったら、生放送で商品を宣伝するときに19回も言い間違えて、一度はテレビから追放されましたし、失敗の連続。

失敗話をしたらキリがないのでやめますけど、自分の番組をもって成功するまで「仕事が楽しい」とは思ったことがなかった。

でも、こうも言えます。苦手なことを克服しようと努力していると、苦手なことが好きになるし、楽しくなる。逆に最初から「得意」なことを仕事にすると、自信がある分そのあとの努力が足りなくなって、そのうち「苦手」から始めた人たちに追い抜かれるんじゃないかな。

これまで何人か、その業界で「一流」と言われている人に会ったので、そのたびに僕は聞いてみたの。

「なんで今の仕事を選んだんですか?」「最初から楽しかったですか?」って。たまたまかもしれないけど、「好きで選んだ」人も、「最初から楽しかった」という人もいませんでした。いちばん印象に残っているのはある職人さん。

「いやいや、好きで選んだんじゃないですよ。私の祖父も父親もこの仕事をしていたんですけど、私はぜんぜん興味がもてなくて、大学卒業後は商社に就職してサラリーマンになりました。実家からも出ていたんですが、久しぶりに帰省したとき、『いいなあ、お前は好きな仕事をやれて』って父親に言われたんです。父も本当は別の仕事をしたかったのかもしれない。そのとき突然そう思ったら、『帰ってきて、後を継いでやろうか？』と自然に言っていました。父は『いいよ、お前は好きなことやってな』と言うので、なんかホロッときて、『いや、やるよ俺』って言ったら、うれしそうな顔をしてた。それでやり始めたんですけど、最初は好きじゃなくてね。でも、今は大好きですよ、この仕事」

なんか、僕もホロッとくる話だった。この人の場合は本人の努力のほか、「親父を喜ばせたい」っていう気持ちが、仕事を好きにさせたんだろうね。やっぱり「誰かのために頑張る」って、大きな実りに結びつくんです。

「誰かのため」だとくじけない

自分の仕事を面白くするのは自分だけど、そのきっかけをつくってくれた人って誰にでもいるんじゃないかな。さっきの職人さんでいえば「親父のために」、僕は「母親のために」頑張ってきた。そういう人がいると、辛くてもくじけないですむんです。

僕の場合は舞台にしてもテレビにしても大勢でつくっていく仕事だから、やっていくうちにどんどん「あの人のために頑張ろう」と思える人が増えていきました。

そういう人って、不思議と節目節目で現れるんです。くじけそうになっているとき素敵な言葉をかけてくれたり、違う方向を向いていた僕に「そっちは違うよ」と言葉や態度で教えてくれた人。僕にとっての大切な恩人で、「あの人のためにも頑張ろう」と思っているうち、仕事が大好きになっていました。

恩人の一人が、コント55号でレギュラー出演した『お昼のゴールデンショー』で出会った常田久仁子《ときた》さん。『お昼のゴールデンショー』は月曜から金曜までの帯番組で、常田さんは金曜日担当のディレクターでした。

当時の僕は26歳ぐらい。まだテレビに出始めたばかりで、浅草の劇場で身につけた雰囲気をぷんぷんさせていたと思います。相変わらず弱気なくせに、「テレビ界を男っぽく過激に突っ走ってやる!」なんて、だぼだぼの服を着て息巻いてた。

そうしたら常田さん、初めて会ったとたんにこう言ったの。

「あんたたち、もっときれいな服を着なさい。浅草の舞台には男のお客さんが多かったかもしれないけど、お昼のテレビは女の人がいっぱい見てるの。いくらコントが面白くても、服や言葉が汚いと女の人には嫌われるわよ」

テレビの世界にまだぜんぜん慣れていなかった二郎さんと僕には、この言葉がとっても新鮮に響きました。言葉遣いもそれまで浅草時代そのまま乱暴だったんだけど、ガラッと変えました。

あいさつの仕方も、常田さんに教わったの。テレビ業界では朝昼晩いつでもあいさつは「おはようございます」なのでそればっかり言ってたら、常田さんに言われちゃった。「女の人にはね、『おはようございます』だけくり返していてもだめよ。『今日の服、素敵ですね』とか、そのあとにいい言葉を添えないと、女の人は応援してくれないわよ」

スポンサーを大切にすることや、台本があってももっと面白くできないか自分で考えて自分の言葉にしていくことも、常田さんが教えてくれたことです。

常田さんのために頑張ろう、そう思ってそれまでのイメージを変えました。多くの人にとって、「萩本欽一」のイメージは多分、「やわらかい言葉遣いをする人」だと思うけど、あれって常田さんがつくってくれたようなもの。常田さんは「欽ちゃん」の生みの親、と言っても大げさではないほど、僕にとっては大恩人です。

人を育てるなら、石の上にも五年

テレビの仕事が順調に進んでくると、自分の名前がついた番組をつくることが夢になりました。それを実現してくれたのも常田さんです。当時まだ日本では個人名がついたテレビ番組がなく、『欽ちゃんのドンとやってみよう！』がその第一号になりました。

喜びも大きいかわり、責任も重大。コントを考えることはできても、番組全体の台本をつくるなんてやったことがありません。そこで考えたのが、僕のブレーンになってくれる放送作家を育てることでした。どんな仕事でも長年続けるうちに、「後輩を育てる」っていう立場になりますよね。コメディアンも弟子をとったりしますけど、僕の場合はコメディアンではなく放送作家を育てようと思った。

まずテレビ局の若手スタッフを集め、続いて僕のラジオ番組にコントを投稿してくる優秀な常連さんたちに、「放送作家にならない？」って聞いてみた。

「なります」って答えてくれた人たちを僕の家に呼んで、下宿してもらいました。だけど、僕には何も教えられることがないので、放送作家になるための勉強はぜんぜんさせず、マージャンや将棋につき合ってもらっていただけ。食事は出すけれど酒がついてるわけじゃないし、放送作家になるためのノウハウも教えないし、いつなれるとも約束しない。

これを理不尽ととらえず、修行と思って耐えればぜったいにいい放送作家になれる、そう信じていました。でも、それも本人たちには言わなかったから、みんな辛かったと思う。途中で投げ出した人もいれば、うちにあるものを勝手に質入れして、酒を飲んでたツワモノもいた。僕がつくった自主映画のビデオまでいつの間にか質入れされてたこともあったな。まあ、そのぐらいしないと耐えられない生活だったんだろうと思います。

僕が彼らにしてていたことはただ一つ。「運」をつくってあげること。ズルいことをしないで辛い生活に耐えていれば、自然と運が貯まっていくんです。それにマージャンや将棋をやっていると勝負勘がつく。これ、テレビ業界の人間には、とっても大事なの。

石の上にも三年。ことわざではこう言いますよね。でもこれは、世の中がもっとシンプルだったときの基準。今なら修行は五年だろう、と考えて僕の家に下宿してから4年と1か月を迎えた時点で「卒業」ということにしました。もちろん本人たちにはこれも一切内緒。

そうして放送作家になっていったのが作家集団「パジャマ党」と「サラダ党」。サラダ党の鶴間政行にはずっと将棋の相手をしてもらっていたら、みるみるうまくなったので、こんなルールをつくりました。

「鶴間、今日からお前が1回勝ったら、そのあともう2回やる」

このルールでやると、いつまで経っても終わらなくて、鶴間は相当辛かったと思う。将棋が好きで指してるわけじゃないから、僕からの「いじめ」と思われるかもしれない。だから鶴間と将棋を指すときは、心の中でずっと願ってました。いじめではなく、愛のムチと思って耐えてくれ。そうすればお前はすごい作家になれる……。真剣な願いって通じますね。今日で下宿生活4年と1か月という日、鶴間に言いました。

「作家の修行をしに来た青年に原稿用紙もあげないで、将棋ばっかりつき合わせてたのに、お前よく逃げなかったね。明日から作家だよ」

聞いていた鶴間は下を向いて涙をぽとぽと流したんで、ああ、この涙はいいな、こいつの作品は必ず成功すると確信しちゃった。

と言っても、足掛け5年のあいだ作家修行はゼロだから、次の日ラジオ局に連れて行って、「こいつ放送作家になりましたが、まだなにもできません、教えてやってください」とディレクターに頼んできた。それから少し経って、鶴間が書いてきたのが「良い子悪い子普通の子」でした。ねっ、ちゃんとすごい作家になってるでしょ。

のちに鶴間に聞いてみたら、3年ぐらい経ったとき、本当に辛くてやめようと思ったらしい。辛いところを1回耐えて乗り越えたから、「明日から作家だよ」と言われて泣いたんだね。

ズルをしない、がっつかない、得しようとしない、この3つが揃っていると、ちゃんと成功につながるんですよ。

仕事と遊びはきっちり分ける

出張のついでに、経費でちょっと遊んできちゃった。そんな話、ときどき聞いたことありません？　えっ、やったことある⁉　そういう人は「運」がそのときグンッと減ってますから、これからの人生を真面目に生きて「運」をとり戻さないとね。

僕が出演していたテレビの仕事には、ときどき「遊び」がついてきました。たとえばロスでロケをした帰りにスタッフ全員でハワイに寄って遊ぶ時間をつくる、あるいは番組がヒットしたご褒美に旅行が計画されたりね。スポンサーが航空会社だったので、年に1回出演者にヨーロッパ旅行がプレゼントされる、とかね。

僕は仕事そのものが楽しいので、そのついでに遊びを入れたら罰が当たると思っています。だけど、「僕は行かない」って言うと、みんなも行けなくなったり、行っても楽しめなくなりそうだから、一応現地には行って、一人でホテルにこもってました。

誰かが、「大将、景色のいいところ、バスで一緒に行きましょうよ」と誘ってくれると、「いや、僕が遊ぶと番組の運が落ちるの。みんなは大丈夫だから行って楽しんでおいで。僕はここで『運』の生贄になるから」なんて言ってました。

実際、遊んで運をなくしたことがあったんですよ。コント55号の番組をやっていたとき、番組ヒットのご褒美でハワイ旅行に連れて行ってもらった。このときの僕、ちょっとはしゃいで遊んじゃって、その様子を番組で流したとたんに視聴率が落ちました。

それで、仕事と遊びを兼ねるのは一切やめちゃった。でも、遊ぶのを我慢してたわけじゃないんです。だって、僕にとって仕事が最高の遊びで、最高の趣味だから。

悩ましかったのはチャリティーゴルフ番組、みたいな仕事。お世話になっているスポンサー企業の偉い人たちと回る機会が多かったので、僕が下手だと迷惑がかかる。それでゴルフを自己流で3年練習し、そのあとティーチングプロについて、習得したのが「曲げないゴルフ」。

ゴルフってコースを外れて林の中に打ち込んじゃったりすると、一緒に回っている人の進行も妨げちゃうでしょ。それでとにかくまっすぐ飛ばすワザを習得したんです。それと一緒に、コースを回る人が打つボールの行方をよく見るように心がけました。誰かが林に打ち込んでも、「あの一番低い木の下に落ちましたよ」とすぐ言えるようにね。

そのぐらい準備をして、チャリティーゴルフの仕事に臨んだのですが、相手のほうがずっと上手《うわて》でした。努力して地位を築いてきた社長さんたちは、人間の器が大きいんです。何が起きても怒らず、文句も言わず悠然と構えているし、人に気を配りながらゴルフも楽しんじゃう。

超一流の人は仕事と遊びを重ねても、ちゃんと運がついてくるのかな。でも、逆立ちしてもそんな人間になれない僕は、今もやっぱり仕事のときは遊ばない、を守ってます。

困っている上司を進んで応援

新型コロナがやってきて以来、仕事が立ち行かなくなった人、大勢いますよね。アルバイトやパートで働いていた人なんて、突然仕事がなくなったりしてる。

そんなとき、何の理由も言わずに、「明日から来なくていいです」なんて言う会社やお店だったら、「クビになってラッキー」と思ったほうがいい。従業員の気持ちや生活のことを何にも考えていないような人とは、早く縁が切れたほうがいいの。

しばらくの間は生活が苦しくても、ひどい目にあった分、「人を見る眼」が育ってます。次の仕事を探すとき、こういう雰囲気の人が上司や社長だと、また嫌なことが起きそうだ、と勘が働いて、前より人や環境に恵まれた仕事場がきっと見つかります。

経営者がいい人だったら、人を解雇するのって辛いだろうね。そういう気持ちがある社長や上司に出会えたら、「応援したい」っていう気持ちが自然と芽生えると思うな。

コロナでへろへろになりながら、1度目は誰もクビにしないで耐えて、2度目もなんとか耐えた、けれど3度目はどうしても耐えきれそうもない……こんなふうに悩んでいる社長がいたら、従業員だって気づくよね。

「え〜、従業員の皆さん、残念ながらついに君たちに払う給料もなくなって……」

と社長が言い出したら、こう言ってあげてほしいな。

「社長、その先は言わないでください。辞めてくれなんていう言葉、社長に言わせたくないんです。僕たちは一度身を引いて、これからはちょっと遠くで社長の応援をします。社長がまた復活したら、僕たちは戻ってきて、また近くで応援できるかもしれません」

こんな言葉が聞けたら、社長さんはきっと泣くね。奮起して、一人で持ちこたえるね。そうしたときにみんなが戻ってきたら、この会社はぜったい活気が出て発展する。社長さんは、やけくそでみんなの給料をアップしちゃうと思います。

辛いときに救ってくれるのって、やっぱりやさしい言葉なんです。

僕自身、この本の初めに書いたように、ちょっと弱気になっていたところをNHKのプロデューサーさんに、「応援しますよ」という言葉をいただいただけで元気を取り戻したぐらいですから。

「応援」っていうキーワード、今一番みんなが欲しがっているかもしれないですね。互いに応援し合えると、「仕事場」も変わってくるんじゃないのかな。

年寄りだけができる仕事をつくる

団塊世代の人たちがほとんど仕事を辞めて、今の日本には、いろんな分野の知識や技術をもっている人が、働かないで家にいるのかな。そう思うと、なんかすごくもったいない気がしません？

みんながみんな悠々自適で、「もう仕事なんかしたくない」と思っているわけじゃないでしょ？　だったら、もう一度仕事をすればいいんじゃないかな。お金を稼ぐためじゃなく、自分からお金を払って好きなことを仕事にするのもいいよね。

年寄りだけの派遣会社なんてどう？　自治体に「シルバー人材センター」があるって？

でも、どこかから依頼される仕事じゃなく、いろんなジャンルの「これなら得意」という人を集めて、自分たちで営業するスタイルがいいと思わない？

たとえば「俺は麻雀で負けたことない」というギャンブラーのお爺ちゃんがいたり、「万引きを見つけるのが大得意」というお爺ちゃんがいたり。

「万引き爺メン軍団」、いいよね〜。僕がスーパーマーケットの経営者だったら、すぐ頼んじゃう。万引きを捕まえた人には、万引きした商品の金額の3分の1をあげます、っていうのどうかな？　これなら今までずっと家にいたお爺ちゃん、お婆ちゃんが一日中お店を回って、根こそぎ万引き犯を捕まえちゃうんじゃない？　経営者だって、監視カメラをつけたり、本職のガードマンを雇ったりしなくてすんじゃうし爺メン（と婆メンだね）が5人ぐらいでチームを組んで、「今日は隣町のスーパーだ」って仕事をしていれば、足腰も強くなっちゃうと思うね。

オレオレ詐欺の摘発だって、ターゲットになるお年寄りの「仕事」にしたっていいんじゃない？　僕は「オレオレ詐欺に気をつけましょう」という呼びかけをする役割を15年ぐらい前にやっているけど、前々から「捕まえた人に懸賞金を出せばいいのに」と思ってました。

今もときどき、詐欺だと気づいた人が警察に通報して犯人逮捕につながっているみたいだけど、「捕まえた人には100万円あげます」って言えば、お爺ちゃんもお婆ちゃんも張り切ると思うな。

「オレオレ詐欺に気をつけましょう」って言われると、「年寄り扱いしてるな。俺は大丈夫だ」って思い込むから、かえってみんなだまされちゃう。「捕まえたら賞金が出ますよ」って言えば、家に毎日いる年寄りに「賞金稼ぎ」という仕事ができちゃう。

こうやって考えていくと、今までになかった「年寄りだけの仕事」っていくつも発明できるんじゃない？　そのうち「80歳のスーパースター」が生まれて、「かっこいいなあ、俺も早く80歳になりたいよ」という世の中になったらいいよね。

僕も立派な年寄りだから、同年代の人たちに楽しんでもらう仕事、一緒に楽しめる仕事がしたいと思ってます。今は若者専用みたいになっているＹｏｕＴｕｂｅに、年寄り向けチャンネルをつくるなんてどう？

テレビだって見ているのはほとんど60代以上なのに、若者をターゲットにした番組ばっかりだよね。若い子はほとんどテレビを見ないんだから、テレビだって年寄りチャンネルがあってもいいと思いませんか？

何年か前からそう考えていろいろ企画を練ってたんだけど、コロナの影響で準備が遅れちゃってる。でももうすぐまた、皆さんの前に顔を見せられると思います。

欽ちゃん流「働き方」の流儀

「働く」って漢字は
「動く」と「人」からできている。

どちらもイヤになったら、
潔くどいたほうがいい。

どちらかが好きなら、
いくつになっても働けばいい。
僕にとっては、仕事は
人生最大の「趣味」だけどね。

3

「お金」の流儀

将来のお金への**不安がつきない**？

子どもには**お金を残したい**？

遺産をどう整理するか？

どうしてもお金に**執着**してしまう?

年を重ねたときの、

「**お金**」の問題を**どう解決する**?

友人の価値は2000万円より上

「老後に必要な資金は最低2000万円」

数年前、金融庁が調査した報告書が話題になった時期がありましたよね。定年退職後(65歳)までに準備しておきたい資金の最低金額らしいんだけど、でも、僕はこれ、間違っていると思います。

お金ってね、たくさん貯めて自分だけ得しようと思っていると、どこか身体も悪くなって病気になるんです。ほんとに。だから、「老後のために」なんてたくさん貯めこんでいる人は、そのお金を今すぐ困っている人に分けたほうがいい。

コロナの影響で、いつも買い物に行くお店とか、ごはんを食べに行くお店が困ってませんか？　困っていそうだったら、そこに分けましょうよ。昔の東京の下町には、「あっ、釣りはいらね〜よ」ってスッと去っていく、かっこいい大人がたくさんいたものです。

そんな人たちのまねをしてみるのもいいんじゃない？

じつは、僕もやってみたんです。コロナの給付金で10万円支給されたことがあったでしょ。僕にも給付金がきたので、これは誰かを応援するために使おうと思って。

最初に行ったのは近所のお店。コロッケを少しだけ買って、一万円札を出しました。でも、「お釣りはいらね～よ」なんて、恥ずかしくて言えないから、そのまま帰ろうとしたら「あの、お釣り」って向こうから言われた。で、とっさに出たのが、「コロナ負けるな、応援金！」。そう言って、逃げるように帰ってきちゃった。

一度やってみたら少し慣れてきて、数千円の距離をタクシーに乗っても一万円出して、「コロナ負けるな、応援金！」と言って、サッと降りることができるようになった。

こんなことを書くといい人ぶっていたり、僕がお金持ちのように思われるので嫌だけど、なんでも必要以上に余分にあるものは他の人に分けるといいんじゃないかな、と僕は思っているんです。

73歳で入学した駒澤大学仏教学部に通っていたころ、「放てば手に満てり」という言葉を教わりました。曹洞宗を拓いた道元禅師の言葉で、持っているものを手放すと空いた手に新しいものが入る、という意味らしい。これ、いろいろなことに当てはまりますよね。実際に、「得」することを選ぶより「損」を選ぶ、「近道」より「遠回り」を選んだほうが結果的に素敵なことが得られる、という例をこれまでいくつも見てきました。お金の使い方も、ある意味それと似ているんじゃないかな、と思うんです。

自分の「将来」を考えて貯めこむより、「今このとき」目の前で困っている人に回すほうが絶対にいい。勇気はいるかもしれないけれど、勇気を出して人を助けた人は、必ず人に助けられます。自分が直接助けた人じゃなく、それを見ていた人、あるいは前からの友達が、「あいつこのごろ、いい顔になったな。一生つき合いたいな」と思ってくれるかもしれない。生き方って、顔にぜんぶ表れます。ずるいことをするとずるい顔、やさしい行いをするとやさしい顔になっていくの。やさしい顔になると、やさしい人がいつの間にかそばにいてくれるようになるんです。

自分の「老後の資金」なんて考えず、周囲の人を金銭的だけでなく、いろんな面で助けていた人には、人生の最後に「友達」という財産が残ります。お金がないとき、病気で心細いとき、助けてくれる友達。そういう友達がいる人を本当の意味で「裕福な人」というんじゃないかな。

2000万円の老後資金があっても、病気になって周囲に友達がいない人生と、お金の蓄えは乏しいけれど友達がそばにいてくれて支えてくれる人生、どっちがいい？

いちばん大事なのはお金じゃなくて、周囲の人を気遣うやさしい心。神様ってどこにいるのか知らないけれど、ちゃんとそれを見ていてくれます。

お金は「いちばん」じゃない

老後にお金を一人占めしていると病気になる、なんてちょっと過激なことを言っちゃいましたけど、お金の大切さはもちろん僕も知っています。たいていの人より、ず〜っと知っていると思います。

僕の生い立ちは浮き沈みが激しくて、小学校時代のほんの数年だけ、家にお手伝いさんもいた「お坊ちゃん」生活をしたあと、引っ越すたびに家が小さくなっていきました。親父がカメラの製造と販売で一気に稼いだあと、倒産して極貧生活。中学生のとき、家までやってきた借金取りに、「すみません、すみません！」って土下座をしてあやまっている母親の姿を柱の陰からそっと見て、決めたんです。将来、お金をたくさん稼いで、母親に家を建ててあげたい、って。

それが「笑い」の世界に入ったきっかけでした。豪邸を建てられる仕事ってなんだろう、と考えて、最初に浮かんだ野球選手は才能がなくて無理だし、つぎに浮かんだのが俳優さん。でもこれも、鏡を見て悩みました。こんなに目が垂れてちゃ、無理だよなぁ。ちょうどそのころ、森繁久彌《ひさや》さんや三木のり平さんたち、笑いの世界の人たちが映画で大活躍していたので、森繁さんの家を見に行ってみました。そうしたらすごい豪邸！

これで将来の進路を決めました。二枚目じゃなくても「笑い」には将来性がある。

そう思って高校卒業後に浅草で笑いの修行を始めたんですが、最初のうちは怒られてばっかり。「お前は才能ないからやめろ！」ってクビになりかけたし、やっとテレビに出演できたと思ったら生コマーシャルを19回もトチってテレビ界から追放……。(坂上)二郎さんと組んだコント55号でテレビ界に復帰して、ようやくお金が入ってくるようになったら、とたんに勘違いしちゃいました。高級な腕時計や服なんかを買いまくっちゃった。「俺は有名人なんだ！」ってアピールしたかったんでしょうね。

そんな僕の姿勢をこっぴどく否定してくれたのが、のちに東京都知事にもなった青島幸男さんでした。青島さんはコメディアンの大先輩でもあり、放送作家でもあり、作詞家でもあり、きっぷのいい下町言葉を話す、僕の憧れの人。

その人に、有名になって少しお金ができたからって、高級品をチャラチャラ見せびらかすのはカッコ悪いと言われ、ようやく目が覚めました。それも頭をハンマーでガ～ンと殴られたような、強烈な目覚め。

以来、きっぱりと有名人アピールをやめました。そもそも僕に高級品なんて似合わないよね。考えてみたら、貧乏していた小さいころから、物欲なんてぜんぜんなかったし。

でも、家を建てる夢だけはぜったいに果たしたいと思っていました。「家」が目的じゃなくて、「母親に家を買って喜ばせたい」一心で見た、最初の大きな夢ですから。念願かなって初めて家を買ったのは、30代の半ばです。家に対するこだわりなんてな～んにもなかったし、ローンの組み方もわからなかったので、姉にすべておまかせ。姉が選んでくれたのは、小さな建売住宅でした。

その家を買って初めて行ったとき、一人で天井を見上げていたら自然と心の中でつぶやいていました。

「欽ちゃん、よかったね、とうとう家が買えたね。なにがよくてここまで来られたんだろう。よくわかんないけど、頑張ったからね……うん、頑張ったよね……」

自分にそう言っているうち、涙がぽろんぽろんこぼれて、止まらなくなっちゃった。お金って、自分の贅沢のために遣っても泣けないけれど、大好きな人を喜ばせようとして遣うと泣けてくるのかもしれません。

だけど、結局この家に僕の母親は住まなかった、というオチがあるんですけどね。

子どもにお金は渡さない⁉

「児孫《じそん》のために美田《びでん》を買わず」。子孫のために財産を残すと、それに頼って努力をしなくなるという意味で、西郷隆盛の詩の中に出てくる言葉だけど、これは名言ですよね。子どもたちにお金やモノ、ついでに「コネ」なんかもたくさん残すと、子どもたちが大きな不運に見舞われます。あなたの周りでも、そんな例が一つや二つあるんじゃない？

僕には3人の息子がいますが、彼らが子どものころ、願ったことはただ一つ。

「とにかく普通に育ってほしい」

長男が小学校の低学年のころ、僕は毎日のようにテレビに出ていましたが、子どもたちには一切僕の番組を見せませんでした。できれば大人になるまで、父親の仕事を知ってほしくなかった。

僕の奥さんも子どもたちが勝手にテレビのチャンネルを変えないように注意してくれ

ていたんですが、あるときとうとう子どもが偶然僕のテレビ番組を見ちゃった。僕が家に帰ったら、いつもは寝ているはずの子どもたちが玄関に3人並んでもじもじしている。

「どしたの？」と僕が聞いたら、次男がこう言いました。

「欽たんは、スーパーマンだったの⁉」

たまたまテレビのなかで僕がスーパーマンに扮していたのを見ちゃったんですね。でもまだみんな幼いから、それまで謎だった父親（子どもは「欽たん」と呼んでました）の正体がスーパーマンだと思ったらしい。かわいいなぁ、お前たち！

でも、スーパーマンだって、子どもは甘やかしません。お小遣いも一般家庭と同じぐらいだったし、僕の奥さんも子育てに関しては厳しくしていました。

子どもたちが中学とか高校生になって、「母さん、お小遣いが足りないからもう少しちょうだい」と言っても「だめ！」と、一言でうっちゃってたらしい。戦法を変えて、「お金貸してください。必ず返します」と言われても、返事は「だめ！」。

「どうして、ぜったい返すからいいじゃない」などと言おうものなら、「だめなものはだめ！」でシャットアウト。贅沢なモノも一切持たせなかったから、息子たち3人、すご〜く普通に育ちました。

あっ、たった一つだけ、うちの奥さん、子どもたちにちょっと贅沢させてたな。それは車。子どもたちが免許をとれる歳になったとき、「お母さん、車買って」と言ったら、そのときだけは「いいわよ」って3人に一台ずつ車を買ってあげたんだって。そのかわり、みんなに共通の条件をつけた。「買うのは、トヨタの車よ」って。

僕はこの話、あとから知ったんだけど、感動しちゃった。トヨタさんって、車のメーカーのなかで初めて僕の番組スポンサーになってくれた会社なんです。だから僕も恩義を感じて、車はず〜っとトヨタ。恩返しだから、買い替えるたびに「なるべく高いのを買ってきて。色は好きな色を選んでいいよ」とマネージャーさんに言ってます。

奥さんもそれを知っているから、息子たちが「車ほしい」と言ったとき、トヨタさんに少しでも恩返ししようとしてくれていたんだね。こういうお金の遣い方は、粋でしょ？　僕の奥さん、スミちゃんは、気っ風がよくて、粋な人なんです。

子どものピンチを助けるのが親

僕は外で仕事ばかりしていて、子育ては奥さんのスミちゃんに任せきりでした。いや、僕も子育てに参加しなくちゃ、と思って子どもたちが小さいころ、遊園地に連れて行ったりした時期もあったんです。

でも、行った先で人に囲まれると、子どもたちそっちのけでず〜っとサインをしていたりするから、「お父さんと一緒に行っても面白くない」って、子どもたちに言われちゃった。スミちゃんも、こう言ってました。

「あなたね、いやいや子どもにつき合ってるって顔に描いてあるわよ。子どもにもそれがわかるの。無理していいお父さんをやらなくていい。あなたは仕事だけしてなさい」

この言葉をすんなり受け入れて、それ以来子育てにはほぼノータッチ。「親父」の存在が必要なときだけ、子どもたちと関わることにしたんです。男の子ってたいてい、中学生とか高校生になると、父親が急に疎ましい存在になってくるでしょ。だから、子どもたちにとっても、僕が近くにいないほうがいいと思って。

だいたい、普段は一緒に住んでいませんでしたしね。三男が生まれたあと、僕たち家族は神奈川県の二宮に家を買ったんです。でも二宮から東京のテレビ局までは遠いから、僕は基本東京の家にいて、ときどき二宮に帰る。単身赴任のお父さんみたいなものです。

で、子どもたちにはこう言ってた。

「何かよっぽど困ったことがあったら、電話してこいよ。そのときはどんなことをしても助けに来るから」

そうしたら子どもたち、ぜ～んぜん電話してこないの。それはそれでちょっと寂しかったけど、大人になってとうとう息子が父親を頼るときがやってきた。

ある日、「お父さん、ちょっと話があるんだ」、そう言って電話をしてきたのは次男の越史《えつし》でした。当時、越史はリフォーム会社に就職して1か月。その間、一件もリフォームの受注ができなかったらしい。

喫茶店で待ち合わせて、「何なの？　どんな話？」と聞いた僕に越史はこう言った。

「あのさ、うちを直すっていうの、どうかな？」

僕の答えはこう。「お前、サラリーマンだろ？　自分の仕事を親に頼むって、そんなばかな話があるか。いい加減にしろよ……って、普通の親父なら言うね。だけど俺はこれまでお前とつき合ってこれなかったから、こういうときに息子を助けてやるのが俺の役目だよ。台所？　いいよ、直せ、直せ」

その3日後、越史がまた電話をしてきた。

「お父さん、壁もぜんぶ塗り替えるっていうのは、だめ？」

調子に乗ってるよね、完全に。

「何？　1度目にあっさりOKが出たから追加しようかって？　そういうことすると、どこの親でも怒るよ。だけど俺は怒んない。ぜんぜんOK。お前のために今まで働いてきたんだから、直せよ。それが俺にできることだよ」

別に恰好をつけたわけじゃないんです。これが本音。普段父親らしいことをしていない分、いざというときは一発で助けてやろうと思ってた。

そうしたら、次の日にまた越史から電話がきた。さすがに僕も3度目はないぞ、と思って「なんだよ、またどこか直すって話か?」と聞いたら、ぜんぜん違うの。

「そうじゃないんだよ。喫茶店で会ったとき、お父さんすぐ帰っちゃったから言うのを忘れていたことがあるの。お父さん、身体に気をつけて。あのとき言えなかったから」

グッときちゃって、「いいね〜、リフォーム代、安かったよ。じゃあな!」って言って電話を切りました。越史は3人のなかでいちばんトボけたやつだと思ってたけど、こんなにいい言葉を言えるようになったんだな、と思って感激しちゃった。

でも、奥さんのスミちゃんは呆れて、こう言ってましたっけ。

「な〜によ、リフォームって、うちまだぜんぜん直すとこないじゃない。越史もあなたも何考えてるのよ」

リフォームが終わって少し経ったころ、またスミちゃんが呆れて報告してきました。越史がリフォーム会社を退職したと。越史はそれまでにも何度か就職と退職をくり返してきたらしい。で、僕がワケを聞いてみると、理由はすご〜くシンプル。何かの拍子に自分が萩本欽一の息子だとバレると、すぐそこから去りたくなっちゃうんだって。まあ、親父の名前を使いたくないって気持ちだろうから、怒れませんでした。

学校・塾の学費は無駄金か？

越史とスミちゃんが絡むお金の話では、もう一つ印象的なことがありました。越史は高校生のとき、予備校に通っていたんです。それも、「いい大学に行きたいから予備校に通う」って自分から言いだしたので、親としては反対する理由もないよね。ところが、普通の家のようには物事が進みませんでした。

さあ、いよいよ受験本番。そんなころに、スミちゃんから僕に電話がかかってきて、言うんです。「越史が大変なこと言いだしたの。ちょっとじっくり話を聞いてよ」

そう言われたので慌てて家に帰って、「どうしたの？　言ってみな」と越史に聞くと、

「予備校に通わせてもらってたけど、大学受験をやめて就職したい」と。この言葉から想像できるのは、勉強が辛い、あるいは志望校に受かりそうもない、ぐらいでしょ？

僕も一瞬、この2つが頭に浮かんだけど、理由を聞いてみたらどっちでもなかった。

「お父さん、よく言ってたじゃない。みんなが右を向いたら左を向けって。予備校ではみんな一斉に大学受験のほうに向き始めたから、よ〜し、就職だと思ったんだ」

聞いたとたん、「おおッ」と思わず口から出てた。感動しちゃってね。

「越史、お前は立派なやつだね。俺の理想とする息子、理想の予備校生だね。いや〜、いいねえ。そうだよな、全員大学へ行くために入る予備校から就職って、いいねえ！」

父と子が双方納得している横で、スミちゃんは呆れながらちょっと怒っていました。

「あんたたち、何言ってんの？　ほんと、変わってるわねぇ、親子して。越史、就職するなら最初から予備校に行かなければ、お金もかからずにすんだのよ」

僕は思わず言ったね。

「お母さん、ここでお金の話をするんじゃないよ。なぁ〜、越史。世間で当たり前と言われていることなんかつまんないよな。予備校から就職、いいじゃないか。誰もできないことをやるのがお前の人生だよ。お前は正しい」

スミちゃんは「あきれた人たちね〜。あんたたちといると頭が変になってくる」と言いながら、どこかへ行っちゃいました。

予備校に払ったお金がもったいない。そう思うスミちゃんは、常識的な人の代表ですね。でも、別に損はしてないと思いますよ。予備校にはちゃんと行ってただろうから勉強したことは身についているだろうし、ほかの人みたいに大学に通わなければ大学の学費だって要らない。さて、どっちが得だったのかなぁ〜、みんなも考えてみて。

父が教えてくれた「お金」の価値

息子の話をしていたら、親父のことを思い出しました。僕も親父とのあいだに、印象深いお金の思い出があるんです。

うちの親父は面白い人でした。僕がまだ幼いころ、「動物園に行こう」って、ときどき僕を連れ出してくれた。だけど、何か変なんだよね。親父が連れて行ってくれる「動物園」には馬しかいないの。つまり競馬場だったんです。僕がのちに競馬好きになったのは、このときの「動物園」が楽しかったからかもしれないな。親父が事業に失敗して借金に追われるようになってからは、あまり親父と一緒に過ごした記憶はありません。親父はずっと逃げ回ったりしていて、家にはあまりいなかったんです。

親父との思い出で強烈に覚えているのは、僕が高校生のときの出来事。そのころもうちは貧乏でした。高校には入ったものの、校則で決められていた革靴も買えなくて先生に「規定の靴を履いてこい」って怒られるし、アルバイトに明け暮れる生活で授業中は眠いだけだから、すっかり学校が嫌になっちゃった。登校拒否になりかけたんですね。

当時、親父は僕や母親とは違うところに住んでいたので、ある日、学校へ行かずに親父を訪ねて、「学校に行きたくない。もうやめる」と言ったんです。

そうしたら親父、あっさりと、「じゃあ行かなきゃいい」。そのあと、「学校に行かないで何がしたいんだ？」と聞くので、「映画が見たい」と僕は答えた。

「なんだ、じゃあやめなくてもいいじゃないか。学校を休んで、映画見てこいよ」

親父は1000円札を1枚出して、僕にくれました。そのお金で映画を3本見たけれど、次の日も学校には行きたくなくて、また親父のところに行ったんです。親父はまた1000円くれたので、その日も映画を3本見て、3日目もそのくり返し。

これでもう、浅草で上映している映画はぜんぶ見ちゃいました。僕は「映画好き」だと思っていたけど、興味のない映画を見ても辛いだけだし、そんなことにお金を遣っている自分にもうんざりしちゃった。

4日目もやっぱり親父に会いに行ったら、またお金をくれそうになったので思わず言った言葉がこれ。

「今日は学校に行かして」

きっと親父は、僕がこう言うのを待っていたんじゃないかな。

「映画は3日も見れば飽きるだろう。でも、学校ってなかなか飽きないんだよ」

これ、親父の魔法の言葉でした。学校に戻ったら今まで嫌だと思っていたことがどこかに吹き飛んでいて、俄然勉強もするようになっちゃった。じつはそれまで、まったくやる気がなくて、成績はビリから数えたほうが早い２００番台だったんです。

そこで途中から勉強しても追いつきそうにない理数系はあきらめて、国語とか歴史とか文系の勉強に絞って試験を受けたら、20番まで成績が上がったの。友達がそれに気づいて、「萩本、２００番台から20番ってすごいな。俺、すごいやつと友達だったんだ」って言ってくれたんです。それがまたうれしくて、それからはちゃんと勉強するようになった気がするな。友達にも恵まれたんです。仲のいい友達は僕が貧乏だって知っているから、家に呼んで食事を食べさせてくれたりして。

もし登校拒否になりかけたとき、親父のところに行かなければ、親父が「映画代」をくれなかったら、学校をやめていたんじゃないかな。親父があのときにくれた３０００円、僕にとっては金額以上の価値があった。お金って、こんなふうに誰かの人生の危機を救うような遣い方ができれば最高ですよね。親父、ありがとう。

妻の普通なのに粋な金銭感覚

スミちゃんの金銭感覚は、ごく普通のお母さんたちと一緒だったんじゃないかな。いや、普通以上に金銭欲も物欲もなかった人だと思う。贅沢な買い物はゼロ。高級品は一度も買ったことがなかったんじゃないか。

子どもたちが小さいころ、ラスベガスへ仕事で行った僕は、たまたまカジノで儲けちゃった。どうしよう、このお金、と考えて思いついたのがスミちゃんへのお土産。ミンクのコートを買ったんです。ところがスミちゃん、それを見て何て言ったと思います？

「……ミンク？　着ないわよ〜。子どもの授業参観にも恥ずかしくて着ていけないし、これ着てどこに行くの？」

ぜ〜んぜん喜んでくれないの。そのコートはずっと洋服ダンスにしまってありましたけど、着たのは見たことなかったな。

次は指輪。これは僕が買ったものではなく、僕の馬がプレゼントしてくれた。若いころに持っていた競走馬が優勝して、副賞にダイヤの指輪がついてきたんです。もちろんすぐにスミちゃんに渡しました。

このときはどういう反応だったったっけな……そこはよく覚えていないんだけど、指輪の結末は知っています。その指輪はダイヤを3つにカットして3つの指輪につくり直し、今は一つずつ息子3人のお嫁さんの指にはめられています。粋なことをするよね。

二宮に引っ越して以来、僕はたまにしか家に帰らなかったから普段スミちゃんがどんな生活をしていたかよく知りません。一つだけ知っていたのは、ご近所のお友達と、ときどき一泊二日ぐらいの小旅行を楽しんでいたことぐらい。

ある日、二宮の家に帰るとスミちゃんが旅行の話をしているのが聞こえてきた。6000円ちょっとで伊豆に一泊して、魚料理が山ほど食べられる⁉

「スミちゃん、何それ？　今、話、聞こえちゃったんだけど、すごいね。俺も行くよ」

そう言ったら間髪入れず「だめっ」が返ってきました。

「たっぷり美味しく食べて6000円ちょっとっていう旅行なのよ。そこに萩本欽一が来たらどうなる？　あんたはきっと『もっといい部屋ないの？』なんて見栄を張るんじゃない？　旅館の人だってあんたを見たら気を遣って、部屋とか料理が変わっちゃうかもしれない。安さに感激しに行く旅行なんだから、あんたが入ると困るの。何万円ものホテルに泊まる人が一緒だと、私、友達いなくなっちゃうわよ」

ねっ、スミちゃんて普通過ぎる金銭感覚でしょ。芸能人の妻、という座には一度も座らず、仲のいい友達と割り勘で、安くて美味しくて気取らない旅をよくしていたらしい。

僕の知らないところで、スミちゃんは素敵な世界をつくっていたんだね。

財産分与の額をどう決める？

スミちゃんは2020年の8月に、命を閉じました。そのことはまたこのあと、別のところでお話ししますが、スミちゃんは息子3人にお金を残して去っていった。

自分ではお金を遣わなかったし、僕の方針を守って子どもたちにも決して贅沢をさせなかったから、その分をしっかり蓄えて、自分がいなくなったら渡そうと思っていたんだと思う。こういう残し方なら、子どもも不幸にならないよね。

スミちゃんは僕が所属する会社の役員で、「欽ちゃんを守る」という役目をしてくれていたので、会社からお給料が払われていました。でも金額は若い社員より少ないくらいだったから、「足りないときは言ってよ」と伝えていたんだけど、一度も文句なんか言わなかった。子どもたちそれぞれにスミちゃんがいくら残したかは知りません。でも子どもたちは感激して、長男の一童《いちどう》は僕にこう言ってきた。

「お母さんが僕たちにくれたお金、お父さんが稼いだお金なんだよね。お父さん、偉いな。僕は今の給料に満足して生活してたけど、僕ももっと頑張ろうっていう気持ちにさせてくれたお金だった。お父さん、ありがとう」

一童は普通に真面目なやつだから、言葉も素直なんだよね。スミちゃんにもらったのに、僕にお礼を言ってる。それを聞いて僕も、お金について改めて考えてみたんだ。

だいたい僕、自分に今いくらお金があるのかも知らない。信頼している銀行の人に管理してもらって、何か大きなお金が必要なときだけ、持ってきてもらってたんです。

でも、スミちゃんがいなくなって、僕だってあと何十年も生きるわけじゃないんだな、と思って、やっぱり僕も最低限のお金は子どもたちに残そうと思いました。

子どもたちとはこれまであんまり触れ合ってないし、親父らしいこともあまりしてこなかったから、その罪滅ぼしみたいな気持ちもあるし、僕がいなくなってからお金で困ってほしくない。こういうところは僕も普通の親みたいだね。

それで金額を決めたの。通常だと兄弟平等になんだろうけど、そのままあげるんじゃフツーで面白くないなと思って、まず三男の征九郎《せいくろう》に電話をして、唐突に聞いてみた。

「俺のこと、好きか？」

三男は即答だったね。

「好きだよ。いや、好きっていうのを超えてるかな。ちょっと尊敬もしてる。でも、何で急にそんなこと聞くの？」

「いや、俺もお母さんに倣ってお金をお前たちに残そうかなと思って。お前には考えて
た額全部あげる」

次に長男がつかまったので、同じことを聞いてみたら、長男は慎重だった。

「何なの、突然。どうしてそんなこと聞くの？」

「どうしてとか聞かなくてもいいいんじゃない？　好きかって聞かれてるんだから、好き
か嫌いかで答えればいいいんだよ」

「そんなこと考えたこともなかったけど、どっちかじゃないといけないの？」

「俺が聞いてるのは、好きか嫌いか」

「う～ん、好き、かな」

「あ、そう、じゃあお前にはこのぐらいお金を残してやる」と、長男の金額も決定。

最後、次男の越史に、当然同じ質問をしたら、やっぱり越史は変わっていたね。

「好きでもないし、かといって嫌いでもない」

「俺が聞いてるのは好きか嫌いか」

「そうすると、好きではないから、嫌いなほうですかね」
「あ、そう。お前たちにお金を残そうと思ったけど、今の言葉でお前の分はあとの2人の半分になった」

と言ったあと、もう少しつけ加えたの。
「ワケのわかんないこと聞かれても、相手のことを考えてまともに答えたほうがいいよ。俺は好きか嫌いか単純なことを聞いただけだけど、その答えで人生が変わることもあるんだから、言葉を大事にしな」

それで電話を切ろうとしたら、越史が慌ててこう言った。
「いや、違うんだよ。お父さん、いつもみんなの逆を行けって言ってるじゃない。好きか嫌いかと聞かれたとき、普通は好きって言うだろうけど、嫌いって言ったほうがお父さんは喜ぶかと思って」

もしこの会話をスミちゃんが聞いていたら、「ま〜た2人でワケのわかんない会話をしてる」って思うだろうね。次男の越史は、性格が僕にいちばんよく似てるみたい。

この電話のあと、「お父さんから変な電話がこなかった?」って、兄弟3人で連絡し合ったらしい。で、越史は自分の金額が2人より本当に少ないってわかったようで、僕に電話してきました。

「お父さん、このあいだの話だけど、これから挽回は可能?」

僕は、「それは可能であろう」と答えておきました。そうしたらさっそく、長男の一童が弟の取り分を増やしてあげようと、自分に依頼のあった雑誌かなんかの取材を越史に回して、挽回のチャンスをつくってあげた。それで僕、越史に電話して言ったの。

「弟思いの一童に感動したので、一童に渡すお金を増やすことにした」

「えっ、じゃあまた差が開いちゃったんですか⁉」

「そうだよ、弟のために何かしてあげたいという気持ちに価値があるんだ。お前は、自分の取り分を挽回しようということしか考えてないだろう。長男のやさしさを見習え」

兄弟3人の取り分をめぐる萩本家のドタバタは、これからもいろいろな展開が楽しめるんじゃないかな。

欽ちゃん流「お金」の流儀

お金のことは
過剰に心配しなくてもいい。
ない人は、病気はしない。
だから、大金が必要になることもない。

ある人は、反対に
健康に気をつけたほうがいい。
神様は
そんなにひどいことはしないよ。

4

「時間」の流儀

残された時間はあとどれくらいか。

退職して時間を持て余してしまう。

コロナによって過ごし方が変わった。

家族、仲間と**楽しく時間**を過ごしたい。
年を重ねたときの、
「**時間**」との**つき合い方は**？

ぼ〜っとする時間をつくらない

「ぽかっと時間が空いたとしたら、何をしたいですか？」

今まで何度となくこう聞かれて、そのたびに困ってました。だって僕、さっき言ったように仕事をしているときが最高に楽しいので、「空いた時間」なんてぜ〜んぜんほしくない。旅行に行きたいとか、外へ遊びに行こうという気持ちもないんです。

でもね、コント55号で人気があったころだけは、仕事の帰りに遊んでいました。あのころは日本中を駆け回って一日何本もの仕事をこなして、平均睡眠時間は3時間。それでもたまに深夜前に仕事が終わると、スタッフたちと一緒にどこかのお店に寄ってから帰宅してました。

まだ結婚前だったから女の子がお酌をしてくれるお店にも行ってたけど、それが好きだったわけじゃないんです。一緒に仕事をしてくれたスタッフにお礼をしなくちゃ、という気持ちと、仕事のあとすぐ家に帰ってたっぷり寝ると、一気に歳をとっちゃう気がしていたの。若さ、ですよね。

でもね、3時間睡眠の生活なんて、5年しかもちませんでした。人間、たまに無理することはできても、疲労が溜まったら寝なくちゃだめ。

それがわかってからは、僕も一日7時間は寝るように生活を変えました。自分の名前がついた番組を月・水・金と週に3本もっていたすごく忙しい時期も、夜中の3時には家に帰って寝るようにしてた。振り返ってみると、あの時期が反対にいちばん規則正しい生活をしてたんじゃないかな。

今はぜんぜん規則正しくありません。その日、そのとき、自分の好きなように時間を使ってます。仕事が終わると、パソコン将棋をしたり、大リーグ中継を見たり、競馬の研究をしてみたり。

一つだけ気をつけているのは、ぼ〜っとしてる時間をつくらないこと。ぼ〜っとしてると何かいいことがあったりするので、みんなはときどきぼーっとしたくなっちゃうんでしょ？　でも僕の人生でいうと、ぼ〜っとすることを覚えるとクセになりそうだし、大事なものが何もかも消えていっちゃうような気がする。だから、コメディアンになってから、ぼ〜っとしてたこと、ないんですよね。

だけど、コロナの自粛期間が長く続くと、ぼ〜っとする時間ができそうになっちゃう。その意味でもコロナの騒動が早く終わってほしいんですよね。

定年後の素敵な時間の使い方

「定年後にのんびり生活をするのが楽しみだったけど、いざ仕事を辞めたらどうやって時間を使ったらいいのかわからない」

こう思っている人が、案外多いんじゃない？　ぼ〜っとするのが好きな人だって、限度がありますよね。

73歳で大学に行ったとき、一つ驚いたことがあるの。20歳前後の若者に交じって、僕と同じぐらいの人や、10歳ぐらい年下かな、と思える人が教室内にけっこうたくさんいたんです。定年後に仏教を学ぼうと思って、僕みたいに社会人入学した人や、聴講生になった人たちでした。

若い学生と友達になるのもうれしいけれど、おじさん、おばさんの学友ができるのもうれしかったな。それで、ちょっと言葉を交わすようになったおじさん、おばさん仲間によく聞いてました。

「なんで、大学で勉強してるの？」

僕が通っていたのは仏教学部でしたから、けっこうまじめな人が多かった。残りの人生を有意義に過ごすために仏教を学ぼうと思った、的なね。

そのなかで一人、な～るほどと思う回答をしてきたおじさんがいました。

「仕事を定年で辞めてから、しばらく家でのんびりしてたんですよ。そうしたら、うちの奥さんが戸惑ってるのがわかった。私が仕事をしていたときと生活のリズムが変わって、なかなか慣れなかったんでしょうね。それで私、勤めていたときと同じ時間に家を出て、同じ時間に帰れるようなことを探して、大学に通う道を見つけたんです。通学するのは週に2日だけですが、奥さんは喜んでくれているみたい」

素敵なお父さんでしょ。そうしたら奥さんが1週間のうちその2日だけご主人に時間をあわせてくれて、大学に行っている2日間以外の日もお父さんを気にせず、自由にできるようになったんだって。

僕も感心しちゃって、こう言ったの。

「お父さん、いいね。自分のためじゃなくて、奥さんのために大学に来てるって。今まで聞いたなかでいちばんいい話だよ。でも、お父さんが大学に通い始めたのは奥さんのためだって、奥さんは気づいてないんじゃないかい？　僕、お父さんの家に行って、言ってあげたいね。ご主人は勉強がしたくて大学に行ってるんじゃないよ、奥さんのために行ってるんですよって」

自分がしたいからじゃなく、「好きな人のためにやる」っていう話に、僕は滅法弱いみたい。あのお父さん、今も大学に通ってるのかなぁ？

夫婦は時間の長さより信頼の深さ

夫婦や家族のあり方って100人100通りだから、「これが正しい」というお手本は、一つもないと思います。

僕の場合は、奥さんとも子どもとも、離れて暮らしていた時間が圧倒的に長いし、会話だってそんなに多くないんです。だけど、僕にとって奥さんとの時間も子どもたちとの時間も、どちらもぜんぶが輝いてます。

大事なのは一緒に過ごした時間の長さじゃなく、その中身なんですよね。四六時中仕事のことばかり考えて、人と違うことばかりしている僕に、一生つき添える人はスミちゃんしかいません。だってスミちゃんは、僕がコメディアンの修行を始めたときから僕を応援していてくれた人。下積み時代の辛い時間を支えてくれた恩人でもあるんです。

その話、ちょっとしてもいいかな。

高校を卒業して僕が浅草の東洋劇場へ入ったとき、3歳年上のスミちゃんはすでに劇場のスターでした。さっきも話したように東洋劇場は踊り子さんの踊りがメインプログラムで、当時彼女はナンバーワンの存在だったの。

見習いの僕からすれば、雲の上の存在。僕ら芸人が気軽に話しかけられるような人ではなかったんです。踊り子さんはたくさんいて、新人の僕はよくからかわれていたんだけど、そんなときスミちゃんが「あんたたち、坊やをからかうのやめな！」って一喝してくれた。姉御肌なんですよね、スミちゃん。

劇団に入ってしばらくすると、「半年間、地方を回って修行してこい」と言われました。いわゆる「どさ回り」っていうやつですね。自信もないし、暗い気持ちになりかけていた僕に、声をかけてくれたのもスミちゃんでした。

「坊や、送別会もしてもらえないんだって？　じゃ、あたしがしてあげるよ。友達も連れておいで」

今までまともに口をきいたこともない雲の上の人からの誘いで、有頂天になりました。

僕と友達、スミちゃんとスミちゃんの友達4人でご飯を食べた帰り道のことです。「これから苦労するかもしれないね」。スミちゃんはこう言って、首からネックレスをぴっと外し、ぽ〜んと僕に投げてよこした。「困ったらこれを質に入れな。けっこういい金になるから。じゃあね〜」

僕がお礼も言えずただ驚いているあいだに、スミちゃんは浅草の闇に消えていきました。この言葉とネックレスが、どれだけ僕を勇気づけてくれたことか……。

どさ回りの半年間、僕はスミちゃんのネックレスをいつもポケットに入れていました。どさ回りって、僕が嫌いな下ネタもやらないとお客さんに受けないから、辛いんです。でも、スミちゃんのネックレスを触っていると、人のやさしさを感じてほっとするの。「ちきしょ〜、有名になってあのお姉さんをお嫁さんにしたいなぁ！」

この夢に支えられて、半年間のどさ回りを乗り切りました。当時はまだ、スミちゃんなんて恐れ多くて呼べず、「お姉さん」って呼んでたな。

浅草に戻ってくると、また僕にとっての大事件が起こります。ある夜、僕の下宿先にお姉さんが突然やってきちゃった。べっろんべろんに酔ってました。

「ごめんね、うちに帰るの面倒になっちゃったから、ここで寝かして」

そう言ってお姉さん、僕の布団を敷いてさっさと寝ちゃった。僕はこの日、困ったな～、なんでお姉さん、僕のうちなんか来ちゃったんだろう、と思いながら、柱に寄っかかって寝ました。翌日、お姉さんはお礼を言うでもなく、「しっかし、何にもない部屋だね～」って言いながら出て行って、その次の日にテレビを届けてくれた。

「いずれはテレビに出るんだろうからさ、少しは見ておいたほうがいいよ」って。

それからも、三面鏡が届いたり、僕が払う前に家賃を払ってくれたり、一度は銀行通帳ごと僕に預けてくれたこともあってね。僕はきちんとしなきゃいけないと思って、お姉さんに言ったんです。

「あの～、こういうのって、結婚するっていうんじゃないですか?」

お姉さんはアハハッて笑い飛ばして、こう言った。

「ばっかだね～、それは違うの。坊やは有名になって、誰かいい人と結婚するんだよ」

のちに僕がコント55号で有名になりかけたら、お姉さんは僕に何も告げずに浅草から去っていきました。僕はもう必死で探して、追いかけて、また逃げられて追いかけて、やっと結婚してもらいました。これが僕とスミちゃんの結婚物語です。

結婚したときは僕がもう忙しくなっていた時期で、スミちゃんと二人で過ごす時間はぜんぜんとれませんでした。だけど、一緒にいることだけが絆を深める手段じゃないんだよね。一緒にいる時間が少なかった分、僕たちはよけいにわかり合って、信頼を深め合えた気がしています。

シャッターが刻んだ幸せの時間

家族団らん。この言葉にはあまり縁がないままここまで来ました。かといって、僕が育った家族も、スミちゃんと結婚してつくった家族も、仲が悪かったわけじゃありません。ごく普通のファミリーより、家族全員で過ごす時間が短かっただけです。

コメディアンやタレント、俳優さんたちのなかには、仕事の場で家族を紹介したり、子どもたちを同じ仕事に就かせる人も少なくありません。でも僕は、どうしても息子たちをテレビや舞台に出る仕事には就かせたくなかった。

なんでって、一家の主の僕がたいして才能もないのに番組をヒットさせたりして、家族の運を一人で使っちゃってる、と思ったから。ここで調子に乗って子どもたちを同じ世界に招いちゃうと、子どもたちが大きな不運に見舞われるような気がしてたの。

そんな僕の気持ちを、スミちゃんはちゃんと理解しながら、息子たちを育ててくれました。僕は家で仕事の話をしたこともなければ、家族も僕の仕事にノータッチ。でも一度、「奥さんと一緒に出演してください」とテレビ番組に頼まれて、スミちゃんに「出てみる?」って聞いたことがあります。何だかそのときは、スミちゃんをテレビで自慢したい気持ちになったんですよね。

ところがスミちゃん、「や〜よ、私、ぜったい出ないわよ」と完全拒否。公衆の面前に出て行って、私が萩本の妻でございますという顔をするのが好きではない、と。

その後もずっと、僕の仕事に家族はノータッチ、の状態が続いていました。それが崩れたのは、僕が66歳で『24時間テレビ』のマラソンランナーになったとき。息も絶え絶えでゴールの日本武道館にたどり着いた僕を、息子3人が客席で迎えてくれた。といっても、僕はあとから知ったんだけど、このとき親の仕事場に初めて来たんだよね。放送を見ていた人の話では、息子たちの姿がクローズアップされて、「欽ちゃんの息子」だと司会者が紹介もしたらしい。

放送の翌日、スミちゃんが電話してきました。

「ごめん、子どもたちのこと、相当怒ってるでしょうね。テレビ局の人から誘われて、私はぜったい行かないと言ったんだけど、子どもたちは行きたがったので、その気持ちを尊重して止めなかった。あの子たちももう大人だし、怒らないで」

そう言うから、「別に怒ったりするつもりもないよ」と言ったら、「それならいいけど」って。僕たちの会話はそれでおしまい。いつもこのぐらいしか話さない。でもこのとき、僕はもう一言、スミちゃんに言いたかったんだよね。息子たちが来てくれてうれしかったって。僕は放送を見ていないけど、よろよろで戻ってきた僕を見て、息子たち3人は泣いていたらしい。それを聞いたら、ちょっとウルッと来ちゃってね。

武道館での出来事以来、何となく「父の仕事場見学解禁」みたいな空気になって、息子たちは明治座の僕の舞台を見に来たりするようになりました。これもあとから聞いた話だと、スミちゃんもときどき来てたんだって。でも、楽屋にはぜったい来ないで、見終わるとすぐ帰っていたらしい。

初めてスミちゃんが舞台裏の楽屋に来たのは、明治座のラスト公演だった。その日は三男の征九郎が婚約者を連れてくるというので、長男夫妻、次男夫妻にスミちゃん、つまり僕の家族が珍しく勢ぞろいしたの。

そのときスミちゃん、「ほら、せっかくの機会だから、みんなで写真撮りな」って、自分だけ入ろうとしない。「家族みんなで撮ったことないんだからお母さんも入ろうよ」って僕が言ったら、このときはスミちゃん、珍しく従ってくれました。

2014年3月に撮った、これが最後の家族写真です。長男の一童に言わせると、

「お母さんの写真のなかで、あれがいちばんいい顔している」って。僕も同じ意見です。ほんとにこの写真の中のスミちゃん、満ち足りた素敵な顔をしています。

それまで僕は仕事で何千、何万枚も写真を撮られてきたけれど、写真って「幸せな気持ち」まで一瞬で写しとるんだなって、初めて思いました。スミちゃんにとっても、あの時間は素敵な時間だったんだと思うと、僕もうれしくなります。

幻のウエディングショット

スミちゃんと僕は結婚式も挙げていません。結婚したときにはもう長男の一童が生まれていたし、新婚旅行もなし。

息子たち3人はそれぞれ素敵な女性と結婚しましたが、やっぱり誰も結婚式を挙げてないの。最初に結婚したのは次男の越史で、「結婚式はしない」って言から「なんで?」と聞いたら、こう言ってました。

「だって、親が結婚式を挙げてないのに、子どもだけ派手に結婚式を挙げるって、それはないよ」

次に結婚したのは長男の一童で、「結婚式どうするの?」って聞いたら、やっぱり「結婚式はしない」と。三男の征九郎の結婚が決まったときも、多分、結婚式はしないんだろうなと思っていたら、一童が意外なことを言いだした。

「みんなで合同結婚式をしよう。お母さんにもウエディングドレスを着せて、喜んでもらいたいんだ」

いいね、親子みんなで結婚式。僕は素直に喜んだんだけど、子どもたちがスミちゃんに言ったら「や〜よ」って言われちゃった。こうなったら僕の出番。

「結婚式ってさ、人に見せびらかしてそのあと離婚すると恥ずかしいよね。だから、歳をとってお互い『この人と一緒になってよかった』って思ったときするのがカッコいいんじゃない? しようよ、結婚式」

スミちゃんは、「ああ、そうなの? それでいいんじゃない」って言うから、僕は大急ぎで子どもたちに「お母さん、嫌じゃないみたい」と報告。子どもたちは日にちを決めて準備して、スミちゃんに言いに行ったら、「私は行かない」ってまた断られちゃった。長男が「なんで?」と聞くと、「嫌なものは嫌」という答えが返ってきたので、合同結婚式はあえなく中止となりました。スミちゃん、けっこう頑固で、「嫌なものは嫌!」「だめなものはだめ!」が口から出ると、あとは梃子《てこ》でも動かないんです。

幻のウエディング写真、残念だったなぁ。中止決定からだいぶ日が経ってから、僕はスミちゃんに改めて聞いてみました。

「子どもたちがせっかく用意したサプライズだったんだから、乗ってあげてもよかったんじゃないの?」

「女ってね、肌がピチピチしているときじゃないと写真なんか撮りたくないの。写真は記録に残るからね」

「肌がピチピチしてなくてもいいじゃない」

「男はそうかもしれないけど、女はそうじゃないの」

スミちゃんはこう言ってましたが、これが本当の気持ちかどうかはわからなかった。

でも、「本当はあのときね……」って、あとで言うような人じゃないし。

いつか天国か極楽で会ったら、もう一度聞いてみようと思ってる。「ウエディング写真、僕は撮りたかったのに、なんで断ったの？」って。

たった一度の15分間のデート

僕たちが結婚するとき、スミちゃんから一つ提案がありました。

「子どもがいて大変だから、妹も一緒に住んで手伝ってもらってもいい？」

もちろん、反対する理由なんかないよね。僕は仕事が忙しくて、とてもまともに育児の手伝いはできそうになかったから。

スミちゃんの妹はアキコっていいます。アキコは家事を手伝いながら、スミちゃんと一緒に3人の息子を育ててあげてくれました。僕たち家族が二宮に引っ越すときも、アキコは一緒に来てくれて、ずっと僕たち家族を支えてくれていたの。

スミちゃんは留守がちな僕の代わりに父親役もやって、家を仕切っていたみたい。二宮の家には一時期スミちゃんのお母さんも同居していたし、僕はもう安心してスミちゃんとアキコに家のことを任せっぱなし。

こんな状況だったから、結婚して以来、スミちゃんと二人でゆっくりと星を見て語ったこともありません。何しろ、二人きりで過ごすっていうこともなかった。結婚前におつき合いをしていたというわけでもないから、デートもしたことがなかったんです。

僕にとっては念願のデート。それが果たせたのは、二宮に越してからでした。二宮の家は山の上にポツンと建っているような家で、買い物は車で町へ行かないとならない。スミちゃんが運転して、食料を買い出しに行くんです。

あるとき、スミちゃんが買い物に行くと言うんで、くっついて行ったことがあるの。僕は運転免許証を持っていないのでスミちゃんが運転する車の助手席に乗って出発。僕にとってはこれだけでもワクワクもの。

でもスミちゃんはぜんぜんワクワクしてないようで、買い物を終えたらすぐ家に戻ろうとするから、思わず大きな声で言いました。

「ちょっと待って！　デートしたことないから、ちょっとドライブ！」

スミちゃんは意外そうに、

「ドライブするの？　えっ、誰もいないところ？　だったらこの上に上がっていくと畑ばっかりだから誰もいないよ」

ほんとに誰もいなくて、二人で、二人っきりで腕を組んで歩きました。それがスミちゃんと僕の初めてで、最後のデート。時間にしたらほんの15分ぐらいだけど、僕には何十年分のうれしさが詰まった時間だった。

スミちゃんのほうは、「もういいんじゃない？」って、15分のあいだに何度か言ってましたけどね。

スミちゃんと会う時間、話す時間が増えたのは、僕が70代の半ばを過ぎてからです。

でもそこには、スミちゃんにがんが見つかったから、という辛い理由がありました。

できなかったことをとり戻す時間

スミちゃんのがんが見つかったとき、僕は駒澤大学に通っていました。無遅刻、無欠席で、しごくまじめな学生をやってたの。

学校を休んだのは、スミちゃんの主治医のもとへ検査の結果を聞きに行った1日だけです。下された診断は、「がんで余命半年」。本人には余命を教えず、「がんでしたけど、頑張って闘いましょう」と先生から伝えてもらいました。先生の言葉に「はいっ」と答えたスミちゃんは前向きでした。

この前向きな姿勢と抗がん剤が功を奏したようで、がんの症状が悪化することもなく、余命を宣告された時期を何年も乗り越えました。

だけどその間、4回も入院したんです。原因は4回ともがんではなく、家の中で転倒骨折。1回目はゴキブリにギャッと驚いて飛び上がり、尾骶骨《びていい》から着地して骨折。2回目は階段で足をひっかけて転がり、3回目は何だか忘れちゃったけど、4回目はまた飛び上がって着地に失敗パターン。先生に「抗がん剤治療を終わりにしましょう」と言われたことがうれしくて、息子たちの前で「元気、元気！」って飛び跳ねて見せたんだって。これで肩を骨折し、最後の入院となりました。

このころのスミちゃん、自分の死期を悟っていたんじゃないか、と長男は言っていた。だから子どもたちの前で、ことさら元気そうに振る舞っていた気がすると。当時、子どもたちはもうみんな二宮から独立していたけれど、急によく帰って来るようになったし、僕だってそうだった。スミちゃんは勘がいい人だから、最初からわかっていたと僕も思ってるけどね。

病気になってからのスミちゃんを見ていたら、これまでの生活でしなかったこと、できなかったことを懸命にとり返そうとしていたように見えました。店じまいのために、気持ちを切り替えていたような、そんな気がするんだよね。

前にも言ったように、スミちゃんは頑固なところがあって、一度決めたことは誰が何と言おうが変えない。食べ物なんかも嫌いなものは徹底しちゃってました。

とりわけ「仇《かたき》」のように嫌っていたものがうなぎ。だったんだけど、病気になってから、うなぎが大好物になってるの。僕はそれが不思議で、アキコや次男や三男に聞いてみると、みんなそのきっかけについてはあいまい。最後に長男に聞いたら、真相がわかりました。

長男の奥さんが働いているコンビニでうなぎの季節販売があって、店員さんのなかで誰がいちばん多く売るか、グラフに書いて競うことになったんですって。それを知ったスミちゃんは、こう言った。

「お店にあるうなぎ、ぜんぶ買ってきて。あんたをトップにさせる!」

一童のお嫁さんは「私が1位になるわ」という勝気なタイプじゃないんだけど、義母さんの言いつけを守って、山のようにうなぎを買ってきました。次男、三男の家族や近所の人に配っても、まだスミちゃんの前にはうなぎが山積み。そこで一童が言った。

「自分で買ったんだから食べなきゃだめだよ。お母さん、あなごは好きだよね。うなぎはあなごより上の美味しさといわれるから、あなごだと思って一口食べてごらんよ」

スミちゃん、抵抗せずに一口食べたそうです。で……「あら、ほんとにあなごより美味しいね」だって。今まで「死んでも食べない」って言い張ってたのは、何だったの？

ともかく、一口で病みつきになっちゃったスミちゃんは、地域中のスーパーやコンビニでうなぎを買っては食べ比べ、すぐに「うなぎは白焼きがいちばん美味しいね」なんて言うようになったとか。

最後の入院で、そろそろ食事をとるのが辛くなるという時期、「スミちゃん、何か食べたいものない？ 何でも買ってくるよ」と聞いたら、やっぱり「うなぎ」って答えてました。人間、いくつになっても変われるし、過ぎた時間のなかに置いてきたものをとり戻せるんですね。スミちゃんは最後に相当追い込んで、うなぎを食べてました。

50年分が凝縮された「ありがとう」

食べもののほかにもう一つ、スミちゃんがとり戻そうとしたものがあります。それは、今まで言えなかった言葉。「ありがとう」という言葉です。

僕は浅草の下積み時代からず〜っと、スミちゃんから「ありがとう」という言葉を聞いたことがありませんでした。普通なら「ありがとう」を言う場面で、スミちゃんは「それがどうしたの?」って言う。僕だけじゃない。息子たちもスミちゃんから「ありがとう」を聞いたことがなかったそうです。珍しいでしょ?

でも、それがスミちゃんのスタイルだから、一生聞けないものと思ってました。ところが、最後の最後に3回続けて聞けちゃった。

最初の「ありがとう」は、スミちゃんが亡くなる3か月ぐらい前。コロナの影響で面会は5分間だけに制限されていたんだけど、僕はその日、時間をオーバーしてしまった。「もう帰らないと、病院に迷惑がかかるよ」

スミちゃんがそう言うから、「そうだな。じゃあ帰るよ」って帰ろうとしたら、ボソッと「ありがとうね」という声が聞こえたの。自分の耳を疑いました、ほんとに。

「俺さ、スミちゃんと結婚して50年ぐらい経つけど、ありがとうっていう言葉、初めて聞いたよ。やけにうれしいね。恥ずかしそうに言うところもいいね」

僕がはしゃいでいる顔をスミちゃんはまじまじと見て、へえ〜、こんなに喜んでもらえるのか……っていうような表情を浮かべていました。

その次の週に行ったとき、また帰りぎわにボソッと言ってくれたの。「ありがとう、ありがとうね」って。今度は「ありがとう」の二乗になって。やるな〜、スミちゃん。

「うれしいね、またありがとうが聞けて。入院してるとスミちゃんやさしいね。もうちょっと入院延ばしたほうがいいんじゃないの」

またはしゃいじゃった。スミちゃんもうれしかったのか、恥ずかしそうに笑うんです。それが何とも初々しくてね。

その次のお見舞いでは、「本当にありがとうね」だって。今度は「本当に」というおまけが足されてるの。でもその次、4回目は足す言葉が続かなくなったのか、「帰るね」って僕が言ったあと何も言わない。

ちょっと寂しい思いで部屋を出ていこうとしたら、スミちゃんにつき添ってたアキコが、「お兄さん！」と僕を呼び止めた。

「何？」って、アキコのほうに振り返ったら、「ほら、スミちゃんを見て」と言う。スミちゃん、布団から出した手を遠慮がちに小さく振ってました。こんなかわいい仕草、初めて見たな。なんだかスミちゃんが若い乙女に見えて、ぽ～っとしちゃった。

「スミちゃんすごいね。ありがとうの上は、手を振るんだね。振り方がかわいいな。いつまでも振っていられると帰れなくなっちゃう。もういいよ、帰るね」

こう言って病室の扉を出てきたんだけど、スミちゃんの手を振る姿、今もくっきりと心の中に残ってます。「ありがとう」という言葉と一緒にね。

しかし、あの「ありがとう」は強烈なインパクトだったな。50年分の気持ちが凝縮されてるから、ものすごく価値が高い。ありがとう、スミちゃん。

でもまさか、こういう場面で「ありがとう」を言うために、それまで封印していたわけじゃないよね？

欽ちゃん流「時間」の流儀

時間とはすなわち
「人」のこと。

時間（人）とのいい関係を望むなら、
べったりと「つき合わない」こと。

ちょうどいい距離を保って、
過ごそうよ。
一瞬でも永遠でも、
つき合い方で「時間」は変わるもの。

5

「別れ」の流儀

連れ添った**伴侶**との別れ。

友人、仲間、恩師との別れ。

在籍してきた**空間**との別れ。

別れたあとにどのように生きるか。

年を重ねたら、

「**別れ**」は**避けられないもの**。

別れの場面は美しい言葉で

どんな人生にも、「別れ」がもれなくついてきます。出会いがあれば必ず別れのときがやってくる。

浅草の劇場で修行を始めて間もないころ、とっても印象的な別れのシーンを目撃したことがありました。別れたのは当時の僕の相棒と、その奥さん。二郎さんと組んでコント55号を結成する前、僕は田畑俊二さんとコンビを組んでいたんです。ぜ〜んぜん売れませんでしたけどね。

相棒の俊二は当時もう結婚していたんですが、ある日彼がおかしなことを言いだした。なんでも奥さんが突然、こう言いだしたんだって。

「私、お嫁に行きたいの」

相棒はびっくりして、

「えっ、だってもう、僕のところにお嫁にきてるんじゃない?」

「うん、そうなんだけど、お嫁に行きたいの」

「ていうことは、僕以外に相手がいるの?」

「うん」

こう言われても相棒は怒ったりせず、こう聞いちゃった。

「その人のところにお嫁に行くと、今より幸せになれるの?」

そうしたら奥さん、「……今よりもずっと」って言うんだって。さすがに相棒も焦りだして、よくよくわけを聞いてみたら、北関東の家具屋の息子さんが彼女を見初めて、結婚を申し込んでいるらしい。

それを聞いて相棒、絶対に売れないコメディアンの俺と一緒にいても、いつ幸せになるかわからないけど、そっちへ行けば今すぐ幸せになれるんだな、と思ったと言うの。自分が捨てられることより、「奥さんが幸せになる」ことを優先して考えたんだね。それで、奥さんにこう言っちゃった。

「そう、それならお嫁に行ったらいいじゃないか」

なかなか言えないよね〜。僕もこの話を聞いてびっくりしちゃった。でもね、何でこういう展開になったのかを考えてみたら、奥さんの言い方がうまかったんじゃないかっていう気がしたな。

もし、彼女の言葉が「別れたいの」とか、「あなたよりいい人に出会ったの」だったら、相手は「なんだって!?」って、けんか腰になりそうでしょ。ところが「お嫁に行きたいの」だと、「えっ、どこへ?」とか「誰と?」と話が展開していきますものね。

俊二は、しみじみこう言ってました。

「今よりずっと幸せになる、って言われちゃ、貧乏で苦労させてる僕には引き止められないよ。あの言葉が決め手だったな」

やさしいやつなんですよ、俊二って。それから3、4日経った日、俊二の奥さんが引っ越すというので、手伝いに行きました。僕だって奥さんと顔なじみでしたからね。

でも、いざ奥さんの顔を見たら、何てあいさつしていいかわからなくて、こんなことを言っちゃった。

「奥さんも大変でしたね。これから遠くへ行くの？　新しい旦那さんによろしくね」

言いながら、俺もおかしなこと言ってるなぁ、と思ってました。まだ若かったから、こういうときに気の利いた言葉なんか言えなかったんだね。

俊二はというと、自分を捨てて金持ちの元へ行こうとしている奥さんの荷物を、嫌な顔もせずトラックに積んでいる。その姿もすごいけど、俊二の様子をそばで見ていた大家さんもすごかった。事情をぜんぶ知っているから、俊二のやさしさに感動したらしくて涙を流してたの。引っ越しのトラックが去っていくと、大家さんはこう言った。

「あんたは変わっているね。普通だったら『ふざけるな！』とかけんかになるのに、嫁さんがほかの人のところに行くっていうのを認めたんだってね。引っ越しも手伝って、最後は手まで振って見送って……ばかだねぇ～、おめでたいよ。でも、ほんとにいいやつだね～、あんた。よし、決めた、うちの娘をやるよ」

これ、冗談でもなんでもないの。この大家さんの娘さん、本当に俊二のお嫁さんになっちゃいました。

俊二とはコンビを解消してから疎遠になっていましたが、あるとき、僕がテレビ局の楽屋にいたら、「萩本さん」って女の子が話しかけてきた。誰だろうと思ったら、「私、田畑俊二の娘です」ってあいさつしてくれました。俊二の娘さん、ヘアメイクさんになってテレビ局に勤めてたの。別れがどんなに悲しいものでも、そこから始まる物語をハッピーにすればいいんですね。

大好きな人との別れは笑顔で

別れのシーンでは、もう一つ忘れられない光景があります。一家のお父さんを見送る家族葬に参列したら、涙は一滴もなし。その場にいる人全員が笑顔でした。「笑うお葬式」で見送られたお父さん、どんな人だったと思います？

お父さんの正体は、僕が大変お世話になったテレビ関係者です。仮にAさんとしておきましょうか。亡くなったのは、今から何年か前だったかな。

報せを受けて葬式に行こうと思ったら、葬儀は家族だけで行うと。

「ただ、親父は欽ちゃんが大好きだったから、欽ちゃんからの花だけ飾って見送りたい。それが最後の親孝行です」

息子さんにそう言われて、お花を送りました。でも、本当に家族葬なのかな？　僕が忙しいから出席してもらうのは悪いと思って、「家族葬にします」って言ったんじゃないかな。そう思ったら気になって、当日そ〜っと葬儀場まで見に行っちゃった。いたのは家族だけ、花も僕が送ったものだけが飾られてました。

あ、本当だったんだと思って帰ろうとしたら、「欽ちゃん、来てくれたんですか⁉」。見つかっちゃいました。家族の皆さんの勧めで参列させてもらったら、あら不思議。葬儀のあいだ誰一人泣かずににっこりしていて、会場の雰囲気全体が明るいんですよ。奥さんなんかとくに、僕のほうを見て飛び切りの笑顔を見せてくれる。頭がごちゃっとしました。なんだろう、この家族……。

後日、Aさんとの共通の友人に会ったので、聞いてみました。

「この前の葬式でさ、みんな家族がにっこり笑ってるんだよ。Aって家ではわがままで嫌なやつで、いなくなったのを家族が喜んでるのかと最初は思った。でも、違うな。あの奥さんの雰囲気からすると、大好きだったから明るく見送ったような気がするな」

僕の考えは当たってました。友人によるとA家は仲が良く、Aと奥さんはとても幸せな夫婦だったって。Aが亡くなるときのエピソードを、友人は話してくれた。

「Aを看取ったあの奥さん、病院で『ご臨終です』と言われたとき、旦那に近寄って、『お父さん、ありがとね』って言いながら、おでこを軽くぽんっと叩いたんだよ。Aのことが大好きだったんだね」

これを聞いて納得したな。大好きでずっと仲良くして満足してたら、相手が死んでも泣かないよな、と思った。「お別れ」する必要なんてないよ。奥さんの中では、ずっと素敵なAが生きてるんじゃない？

この家族には後日談もあってね、初七日の法事でお坊さんが来たときも、お母さんはずっと笑ってたし、元気に明るく振る舞っていた。そうしたらお坊さんが、参列していた僕の友達に聞いたんだって。

「あの〜、奥さんはご主人のことで相当ご苦労なさったんですか？」

そのお坊さんは、暴君だったご主人が亡くなって奥さんは喜びが隠しきれずに笑っている、と思ったらしい。

「いや、お坊さん、それまったく逆ですよ。とっても大好きだったから、亡くなっても奥さんは悲しくないんです」

そうしたらお坊さん、こう言ったそうです。

「そうでしたか。私はまだ修行が足りませんね。質問が逆でした」

いいでしょ、この話。

なごやかなお葬式と友人から聞いた後日談で、僕はこう思ったものです。ず〜っと大好きだった人は、眼の前からいなくなっても、心の中で永遠に生きつづけるから、お葬式のときにも涙は出ないんじゃないかなって。

別れ言葉の最上級は「ありがとう」

Aという友人の死で考えたことを、1年前に僕自身が実体験しました。大好きなスミちゃんのお葬式で、僕はまったく涙を流さなかった。僕だけじゃなく、息子たち3人も！だからあとで息子たちに、なぜ泣かなかったか聞いてみたの。

「だって、大好きなおかんだから、最後まで自分なりに尽くしたと思うし、悔いはない。だから、泣かないんだよ」

一人がこう言ったら、「あ、俺も同じ」「俺も！」って。僕と息子たち、みんな同じ気持ちだったんだね。

スミちゃんのがんが見つかってから、息子たちはびっくりするほど献身的に母親孝行をしてくれていました。スミちゃんがとってもかわいがっていた柴犬のカナの世話は、長男夫妻が引き受けて入院中のスミちゃんを安心させてくれた。

息子3人の奥さんたちも、みんなよくしてくれたな。一度息子と奥さんたちが揃っていたとき、奥さんの一人がスミちゃんにこう聞いたことがあった。

「お母さん、お父さんのどこが好きで結婚したんですか？」

スミちゃんはちょっと考えたあとで、こう答えていた。

「『好き』っていうのはないわね。あたし、この人のファンだったのよ。今もね」

これを聞いて僕、「なんか今、答えるまでずいぶん間があったね」なんて言ったんだけど、それはテレ隠しでね。内心、飛びあがるほどうれしかった。スミちゃんは僕のかけがえのない奥さんで、大の恩人で、いちばんのファン……こんな人に巡り合えたなんて、僕はなんて幸運なんだろう。

スミちゃんの命がもう残り少ないとわかったとき、僕はスミちゃんにいくつも感謝を伝えました。僕はスミちゃんに甘えて、好きなように生きてきたからね。

亡くなる何日か前からしゃべれなくなっちゃったので、スミちゃんにまとめて「ありがとう」を言わなくちゃ、と思った。スミちゃんも入院中に、それまで一度も言わなかった「ありがとう」を何度も言ってくれたから、僕もそのお返し。

でも、あんまり早く「ありがとう」をくり返すと、「あたし、もう長くないの？」とスミちゃんが疑うかもしれない。そう考えて、僕も最後までとっておいたんだよね。「ありがとう」って、別れのときの言葉として、最上級だと思うからね。

現実はドラマみたいにいかない

スミちゃんが言葉を話すのがむずかしくなってから、僕は手を握って話しかけるようにしてました。

「僕と一緒になってくれて、ありがとうね。でも、スミちゃんはそれで幸せだったのかなぁ。ずいぶん長い時間、放ったらかしにしちゃったよね〜。ごめんね」

そう言ったら、スミちゃんは首を何度も横に振ってるの。あっ、「そんなことないよ」って答えてくれたのかな、と思った。

「でも、僕と一緒の楽しい思い出、なんにもないよなぁ。きっと寂しい思いをさせちゃったんじゃないかな。ごめんね」

スミちゃんは、また首を横に振ってくれた。それで僕、隣にいたスミちゃんの妹アキコに、「そうでもないよ、僕との楽しい思い出もあるよって、スミちゃんは言ってるんだよね?」と聞くと、アキコは意外なことを言いだした。

「お兄さんが知らないところで、けっこうスミちゃんは楽しそうにしてたわよ。スミちゃんと私、ラスベガス旅行に行ったの、お兄さん、知ってた?」

「えっ、知らないよ、そんなの!」と僕が言うと、アキコはさらにこう言うの。

「お兄さんは『寂しい思いをさせた』と言っているけど、その分をスミちゃんは埋めていたから、心配することないわよ。ラスベガス旅行はね、『お前も行くかい?』って聞かれて『行く!』と言ったら、スミちゃんが私の旅行代も出してくれたの」

地元の奥さん友達と、ときどき温泉旅行に行っていたのは知ってたけど、ラスベガスまで行ってたなんて! でも、旅行先で楽しそうに笑っているスミちゃんを想像したら、僕もうれしくなってきた。

ラスベガス旅行の話をアキコから聞いた数日後、スミちゃんは首を振るのも辛くなってきたみたい。その代わり、僕が握った手をギュッと握り返して答えてくれた。

「子どもたち、みんないい子に育ったね。みんな立派になった。どうもありがとう。お母さん、偉いよ」

スミちゃんは僕の手をギュ〜ッと握り返して、目に涙をためているように見えた。それでまた、アキコに聞いてみたの。

「スミちゃん、今泣いてるよね?」

アキコはスミちゃんの顔をまじまじと見て、「涙、出てないよ……泣いてないと思うよ」ってあっさり。僕としては、スミちゃんが「あたし、お礼を言われるようなことなんかしてないよ」という謙虚な涙を流しているんだなって思ってたのに。

「アキコ、お前ね、そういうときはウソでも、『うん、スミちゃん、お兄さんの言葉に感動して泣いてるね』って言ってくれよ。そうすればいいドラマになって、俺だってポロッと泣くよ。まったく、素人はセリフが現実的なんだから」

そう言ったらアキコは急に、「あ、そうね、涙を流してたかもしれないね」だって。泣けちゃういいドラマが最後は笑いになってるの。スミちゃんは僕たちのやりとりを聞いていたと思う。言葉が話せなくなっても、耳は最後まで聴こえているらしいから。スミちゃんが話せたら、「2人で何のコントをやってんだか！」って言ってたと思うな。

このやりとりの直後、病室に来た看護師さんがスミちゃんの様子を診て、「もう言葉をかけても、答えが返ってくることはないと思います」と、僕に告げました。

「でも、ちょっと前に話しかけたら、ギュッと手を握り返してきたよ」

看護師さんにそう言うと、「そうですか。あと数日だと思います。1日か2日か……」と言う。僕はギュッと握り返したスミちゃんの反応を喜んでいたのに、思わぬ宣告。

「どうしてあと数日なの？　だってちょっと前、すごく力強く手を握ってきたよ」

僕が驚いていると、看護師さんは冷静に説明してくれました。誰でも最期が間近になると、特別な力が出るんだって。本人はしゃべりたくてもしゃべれなくて、筋肉がギュッと硬直してくるんだと。

そうなんだ……と納得しながらも、できれば今の話は聞かなかったことにしたいな、と思ってました。だけど、プロフェッショナルの言うことは正しかった。スミちゃん、この日の翌日に命を閉じたんです。でも今僕は、こう思ってます。あの日、スミちゃんと僕がギュッと握り合った手は、お互いの「ありがとう」の交換だったんだって。

母と息子の最後の会話

スミちゃんが最後に入院したとき、コロナの流行で病室に家族全員で揃うこともできませんでした。病室に入れるのは3人までで、面会時間は5分だけ。僕がスミちゃんの妹と一緒に面会していたとして、息子たちが夫婦で来ると交代しなきゃいけない。だから、スミちゃんを見送って少し落ち着いたころ、子どもたちそれぞれに聞いてみた。

「お前たち、お母さんと最後にどんな話をしたの？」

最初に教えてくれたのは三男の征九郎で、言いたかったことを言えないうち、スミちゃんがしゃべれなくなったので、手紙を書いて耳元で読んだんだって。征九郎は昔よく母親とけんかをして、あるとき「うるせ～な、だったら産むなよ！」と、つい言ってしまったらしい。スミちゃんは何も言い返さず、す～っと自分の部屋に行っちゃった。征九郎がそっと覗きに行くと、スミちゃんは一人で泣いていた。この出来事をず～っと気にしていた征九郎は、その気持ちを手紙に書いたんだって。

「あのとき、あんなことを言ってごめんね。お母さんが僕を産んでくれたおかげで、こんなにかわいい孫をお母さんに見せることができた」

手紙を読みあげたら、スミちゃんはにっこり笑って、大きく2度うなずいてくれたと。

「あれは、おかんが最後に僕に伝えてくれた、ありがとうだったと思う。言葉にはならなかったけど、『ありがとう』っていう声が聞こえた気がしてる」

僕はほら、子育てに参加していないから、この話に感動しちゃって、「いいな、お前、最後にいいドラマやってるな」って言った。前に「次男がユニーク」という話をしたけれど、三男もけっこうユニークなんです。

次男の越史は、3兄弟のなかで二宮の実家や病院からいちばん遠くに住んでいるの。長男、3男の家は病院まで車で10分ほどだけど、次男は片道1時間ぐらいかかる。だから2人に比べて病院に来る回数は少なかったけれど、最期を看取ったのは越史だった。うまくできてますよね。

越史が来たとき、お母さんの手を握ったら、僕のときと同じようにギュ～ッと握り返してくれた。それが最後のやりとりで、「俺もやっぱり、お母さんから『ありがとう』って言われた気がした」という話をしてくれました。

弟2人の話を聞いた長男の一童は、「みんな、けっこういい別れをしてるな。俺の話は、いい話のあとじゃ言いにくいな」と言いながら、僕が知らなかった話をしてくれた。

元巨人軍のピッチャーの鹿取義隆さんが、僕に内緒でスミちゃんに梅干を送ってくれたことがあったらしい。スミちゃんはそれがすごく気に入って、「こんなおいしい梅干、食べたことがない」と言ったら、亡くなるちょっと前に鹿取さんがまた送ってくれた。

もうスミちゃんはあまり食事ができなくて、一童が「何か少しでも口に入れたほうがいいよ」って言ったら、「あの梅干が食べたい」と。でもスミちゃん、梅干を食べたとたんのどに引っかかっちゃった。苦しんでのたうち回るような姿を見て、一童はあわてて背中を叩いたけれどだめで、先生を呼んでようやく収まったと。ほっと一息ついたスミちゃん、そのとき一童に「ああ〜、助かった！」と言ったんだって。

「みんな、最後にお母さんといい思い出をつくって『ありがとう』を言ってもらったのに、俺には『ああ〜、助かった』だよ。しかも、もう最期が間近なときの『助かった』だから、笑うに笑えないっていうか……。弟たちの話に比べるとつまんないよね」

一童はこう話を締めくくっていました。前に話したようにスミちゃんは死ぬちょっと前にうなぎが大好きになったんだけど、うなぎと一緒に最後まで食べていたのが「食い合わせ最悪」といわれている梅干だったなんて。それも妙におかしいよね。

一童は兄弟のなかでいちばん普通で恥ずかしがり屋だから、「ほかにもいい話、あるんじゃないか？」って問い詰めたら、白状しました。スミちゃんが息を引き取ったあと、お母さんに手紙を書いて棺桶の中に入れたって。

「いいねえ〜、おっかさんはその手紙を持って天に上ったんだね。で、何て書いたの?」、そう聞いても、「お父さんは人にしゃべるから教えない」って教えてくれない。「じゃあ、中身の全体像だけでも教えて」と迫ると、「う〜ん、『ありがとう』が3つで、『ごめんね』が1つ。それだけ書いた」だって。

「ますますいいね〜、すごく素敵な手紙じゃないか。何十年かあと、もし俺がまだ生きてたら教えてくれる?」と聞くと、「それでも言いたくないな。恥ずかしいから」って。

あのとき、僕も恥ずかしくて言えなかったけど、お前たち3人とも、最高だよ。スミちゃんの子育て術は、素晴らしかったね。

命のたたみ方で生き方が見える

スミちゃんが命を閉じた日、僕が病室にいると、征九郎が奥さんと子どもを連れてやってきたので交代した。３人までしか病室にいられないからね。そのあとやってきたのが越史で、さっき話したようにギュッと手を握ってスミちゃんに話しかけたら、痛いほどギュッと握り返したと。それを病院の人に言ったら、「今晩が危ないですね」と言われたけれど、実際は越史の手をギュッと握ってから10分後に亡くなった。

「今亡くなった」と越史が電話をかけてきたとき、僕は車で東京に戻る途中だった。

「そうか。俺、スミちゃんに背中を向けてたよ。今高速を降りるところだから、Ｕターンして二宮に戻る」

そう言うと、「おかんはこれから家に帰るから、明日家に来てくれればいいんじゃないの」と越史。そう言われてもなぁ……越史からの電話を切ったあと、アキコに電話してどうすればいいか相談したの。

「ああ、お兄さん、大丈夫よ。亡くなったあとのこと、スミちゃんと私でぜんぶ計画してあるから、越史の言うように明日二宮の家に帰ってくれれば大丈夫」

スミちゃん、もうすべて準備してたんだね。じつを言うと、もう長くないって悟ったとき、最後はホスピスに行きたいって言ってた。それも自分から僕に言わないで、アキコに電話させてるの。アキコの話によると、スミちゃんはまだ病気になる前、家の近くにホスピスがあると知って見学に行ったら、とってもきれいで気に入って、「人生の最後はここで過ごす」と決めていたんだって。

でも、スミちゃんが妹経由でそれを僕に伝えたのは、亡くなる10日ぐらい前。病院の先生からは「移動させると命取りになるかもしれない」と言われたんだけど、スミちゃんの最後の望みだったので病院に無理を言って、1日だけホスピスに泊まってきました。

お墓だってもうちゃんと準備してあった。お墓については、僕がずいぶん前に「山の中に建てる」と言っていたのを聞いていたスミちゃんは、こう宣言してたの。

「あたし、あんたの夢に一度も口出ししたことはなかったけど、最後のお墓だけはつき合いきれない」

僕は、「ええ〜っ、こんな素敵な僕のお墓計画に拒否権を発動するの？」と言ったきりそのことを忘れていたら、スミちゃんは着々と自分の計画を進めてました。二宮のうちから車で10分ほどの霊園墓地を確保してたんです。

ほんとはその前にお寺の墓地の権利を買ってたんだけど、子どもたちへの負担を考えてもっと管理費が安い霊園墓地に切り替えたらしい。僕や息子たちに負担や面倒を一切かけたくないという気持ちを、最後まで貫き通したんだよね。

お金のことも、名義人が亡くなると銀行口座が一時凍結されてお金が下ろせなくなるから、アキコに頼んで亡くなる前に少しずつ下ろして、息子たちに分けるよう手配していた。スミちゃん立派、僕の出る幕なんかないよね。

「お葬式もお墓も、スミちゃんが決めたようにすればいいよ。アキコと息子たちとで進めてね。僕は一切、口は出さない。出すのはお金だけにするから」

そう言ったけれど、一つだけ僕が決めなくちゃいけないことがあった。スミちゃんが選んだお墓は霊園墓地だから、どの宗派であっても入れるんだよね。それで、葬儀屋さんから聞かれちゃった。

「お坊さんはどの宗派でもうちで手配できますが、ご希望はございますか?」

そこではたと思いだしたのが、駒澤大学時代のお坊さん友達。大好きなお坊さんで二宮に近いお寺のお坊さんはいないかな、と考えたら素敵な人がいたんです。伊勢原市の能満寺《のうまんじ》住職、松本隆行和尚。葬儀屋さんに任せず、自分で連絡しました。

「お墓は霊園墓地に決まってるんだけど、お葬式だけやってもらえますか」

松本和尚は快く引き受けてくれて、お葬式を執り行うのにお香典を持って来てくれた。「珍しいお坊さんだね、普通はお葬式をやってもらう僕たちがお金を払うんじゃないの？」なんて僕は言ったんだけど、こんないいお坊さん、なかなかいませんよね。

松本和尚が用意してくれたお香がまたなんともいい香りだった。息子たちもあとでそう言ってたし、スミちゃんもきっと気に入ってくれたんじゃないかな。

さっき言ったように僕にも息子たちにも涙はなく、気持ちのいいお葬式だった。でも僕は、スミちゃんに手を合わせていないし、「さよなら」も言ってない。息子たちは3人とも合掌していたから、あとで「お前たちはお母さんとお別れしたんだな」と言ったらきょとんとしてた。僕は自分が死んでも、スミちゃんとはお別れしない。

お葬式の日、これからスミちゃんが生きていたときとはまた違うおつき合いが始まるんだな、と僕は思っていました。

好きな人は心の中で生き続ける

「奥さんの澄子さんは、どういう人だったんですか？」

スミちゃんがいなくなってから、何人かの記者さんにこう聞かれて、はたと困りました。「決して表に出ず、僕を陰で支えてくれた人」と答えるのは簡単だけど、何か一言でスミちゃんを表す単語はないかなぁ、ってずいぶん考えた。でも、思いつかないんだよね。だから僕がつくっちゃった。スミちゃんを一言で言うと、「情黙の人」。情けがたっぷりあるのに、それを言葉では語らない。だけどときたま、ドキッとするような粋なセリフが出る人だった。

いちばん印象深いのは、二宮の家に仕事仲間を連れて帰ったとき。その日、うちの近くでゴルフをして、その帰りに仲間たちをうちに泊めたの。翌朝、仕事があるので急いで東京へ戻ろうとしていた僕を、スミちゃんが玄関で呼び止めました。

「ちょっとあんた、うちにただ寝に帰ってきたのかい？　少しは私に触れていきなよ」

あのときは何だかスミちゃんの言い回しがおかしくて、「ああ〜、これは失礼しました」って言いながら、人差し指と中指でスミちゃんの肩をチョイっと触って帰ってきた。

スミちゃんがいなくなってから、このシーンがやけに思い出されて仕方がないんだよね。あんなに粋なセリフを言う女性、スミちゃんのほかにはもう出会えない。

そう思ったらもっともっとスミちゃんのことが知りたくなって、息子たちやアキコに聞きまくっちゃった。二人で一緒にいた時間は短いから、僕の知らないスミちゃんの素顔を教えてもらおうと思って。

「お母さんってどんな人だった？」

三男の征九郎は「古風な人」と答えてた。夫が留守がちなのに文句も愚痴も言わず、ひたすら家と息子を守っていた昔ながらのおかんだったと。できすぎだよ、スミちゃん。

次男が教えてくれたのは、「勝負事に強い人」だって。3人ともマージャンでスミちゃんに勝ったためしがなかったと言ってた。知らなかった！

もう一つ知らなかったのは、スミちゃんはお酒が大好きだったらしい。これはアキコが教えてくれたんだけど、家でお酒を飲むスミちゃんなんて一度も見たことがなかった。僕がお酒は飲めないから、その分、温泉仲間と楽しく飲み食いしていたのかな。

もう一つ意外だったのは、スミちゃんの趣味。裁縫が得意で、自分の服や子どもたちの服はほとんど作っていたという。これにはびっくりしたな。結婚したばかりのころ、「この服、ボタンが取れちゃった」とスミちゃんに言うと、「あ、そこに置いておいて。あとでつけとく」って言ってた。でも実際に裁縫をしている姿は見たことがないから、そういうことは苦手な人かと思い込んでいた。

息子たちによると、子どものころ、スミちゃんがお揃いのトレーナーを作ってくれたとき、みんなで文句を言っちゃったんだって。

「こういうのって、今どき流行らないよ。昭和じゃないんだから、おんなじ服着てる3

兄弟なんていいね～よ」

なんて言ったらしい。そのときスミちゃん、すごくがっかりした顔をして自分の部屋に籠り、ティッシュで涙をふいてたって。完全に息子たちが悪いけど、僕にはすごく意外だった。

スミちゃんは強い人だから、子どもたちが生意気なことを言ったらビシッと叱り飛ばしていたのかと思ってた。実際は逆で、子どもたちが「おかんをよく泣かしてた」って。な～んにも言わず、一人で泣いているスミちゃん……これも僕には決して見せない姿だったけれど、母子家庭みたいな環境だったから、ときどき心細くなっていたのかな。悪いのは子どもたちじゃないや、悪いのは俺。ごめんね、スミちゃん。

アキコの話でも、僕が想像もしていなかったスミちゃんの一面を知った。スミちゃん、入院するとき最初にカバンに詰めるのは化粧道具で、最後の入院では化粧道具だけを持って行ったんだって。

僕が知っているスミちゃんはいつもきれいにお化粧をしていたから、この話を聞いたときは何の不思議も感じなかったけど、「スミちゃんがお化粧していたのはお兄さんに会うときだけよ」とアキコに言われた。なんか、ドキッとしちゃうよね。

最後の入院のとき、「これから病院に行くからね」と電話すると、「いいわよ、来なくて、遠いんだから」「大丈夫、もう東名高速に乗ったからあと30分ぐらいで着くよ」なんていう会話を何度かくり返した。病室に行くとスミちゃんはいつものようにお化粧して待っていてくれたけど、その裏ではアキコが大変な思いをしていたらしい。

「アキコ！　すぐ来てお化粧して」「えっ、今、畑で野菜の手入れしてるから行けないわよ」「いいからすぐ来い！　もうすぐうちの人が来るから、眉毛だけでも描いてよ」

僕が二宮へ向かうあいだ、スミちゃんとアキコはこんな会話をくり返していたって。ぜんぜん知らなかった、と言うと、「スミちゃん、お兄さんの前ではきれいにしていたかったの。でもそのおかげで私、ほんとに大変だったんだから」とアキコ。

長年連れ添った僕のためにきれいにしていたいと思ってくれたスミちゃん、愛おしいよね。だけど、もう一歩踏み込んで考えると、その陰でアキコはスミちゃんと息子をずっと支えていてくれた。スミちゃんがいなくなってアキコに会う機会も少なくなったから、ここで言っておくね。アキコ、長いあいだありがとう。これからも僕の知らないスミちゃんを教えてね。

別れても「つき合い」は続く

スミちゃんと会えなくなって1年以上が過ぎたけど、僕にはもったいない奥さんだったなって、改めて思ってる。ときどき、心の中でスミちゃんに話しかけてるんだよね。「今日さ、街で美人とすれ違っちゃった。でもやっぱり、スミちゃんのほうがちょっと上かな」とかね。そうすると、スミちゃんの声が聞こえてくる。

「そりゃそうでしょ、私を抜く人間にはもう会えないだろうね」

声と同時にエヘンと胸を張ってる姿まで見えてくるから、思わずプッと吹く。僕が笑うとスミちゃんも笑顔になって、ああ、スミちゃんはやっぱり素敵だなって再確認できる。何度も何度も、そんなことをくり返してる。

ときどき時間をつくってお墓参りに行くと、いつも真新しいきれいなお花が供えてあるのがうれしい。息子やアキコが、欠かさずにお参りしてくれているんだろうね。

普通の家族がするような新盆とか一周忌とか、僕と息子たちはとくにやる予定がなかった。みんな仕事があるし、集合しなくたってスミちゃんを思う気持ちはみんな一緒だから。そう言っていた僕たちだけど、一周忌が近づくと誰からともなく言い始めてみんなの都合がつく日、霊園に家族が集まったんだ。コロナ禍だからお坊さんは招かず、家族がそれぞれスミちゃんのお墓に声をかけて解散。

「おかん、たまには夢に出ておいでよ」と言った長男の言葉には感動したな。思い返してみると、あの日息子たち3人はお墓に手を合わせていなかったような気がする。僕と同じ気持ちになって、スミちゃんと「お別れ」するのはやめたのかもしれない。

僕はこれからも、息子たちにスミちゃんの話を聞きつづけるつもり。まだまだ僕の知らないスミちゃんが出てくると思うから、新しく知ったスミちゃんとずっと一緒に生きていく。

今までしたことがない仕事にも挑戦して、「ま～た、違う夢を追いかけてるの？」ってスミちゃんを呆れさせたい。そのためには自分自身の身体をもっと大切にしなくちゃいけないいな。今はそんなことを考えているところ。

死んでからも生きる方法

70代の初めから4年間、駒澤大学の仏教学部で勉強して、わかったことがあります。仏教って僕が思ってたほど格式張ってないの。どの宗派も時代に即して形を変えてきたり、スーパーなお坊さんが登場して改革したりしてるんです。

大学で知り合ったお坊さんの卵や、お坊さんになってから大学院に戻って勉強を続けている人たちも、それぞれ斬新なことを考えてました。

だから僕が図々しく「死んだらこうしたいんだけど」って、今まで誰もやってない、ちょっと無謀なことをお坊さんに言っても、「あ、それもいいんじゃないですか、楽しそうで」なんて言ってくれる。僕の場合はアイデアがつぎつぎ浮かんじゃうのでまだ何も具体的には決めていないけど、ちょっとユニークなお墓をつくろうと思ってるの。

お墓のことは70歳になるころから考えていて、お寺じゃなく山の中にお墓をつくろうとか、お墓をもたない有名寺院に石灯籠を置いて僕のお墓にしよう、とか。今は、当たり前のお墓の代わりに、お寺の敷地内に記念館のような、劇場のような建物をつくれたらいいな、と夢見てます。

死んだあと、みんなが僕に会いに来てくれる場所にしたいから、絵馬やおみくじ、福引きなんかも用意しちゃう。絵馬には、「受験がうまく行きますように」とかじゃなく、その人の生き方を書いてほしい。その言葉が、僕が生前リストアップしておいた言葉にぴったりだと、「あなたの言葉、大当たりです。欽ちゃんから1万円のプレゼントです」なんていいんじゃない？

おみくじは「運」を占うものにして、「お代は今でなくてけっこうです。このおみくじで運が開けたらお寺に寄付してください」がいいかな。

建物の周りにはたくさん花を咲かせたいね。スミちゃんがいなくなった二宮の家で咲いていた桜も、ここに移しちゃう。僕が住んでる東京の家のアマリリスも植えたいね。春になったらゴザを敷いてお花見をしてもらいたいんです。そのときは、「欽ちゃん、今年もきれいに咲いたよ」って声をかけてね。

こういうお墓なら、みんなが楽しくお参りできますよね。スミちゃんももちろんここに連れてきちゃうし、僕と直接会ったことがない人でも、誰でも死んだらこのお墓に入れるようにしたいんです。とくに一緒に入ってほしいのは、「人生が咲かなかった人」。人生をトータルすると幸運と不運は半分ずつ、というのが僕の持論だけど、何かの加減で不運ばっかり多くなった人もいるかもしれない。そういう人に入ってもらって、死んでから人生を咲かせてほしい。

毎年一回、僕のお墓に一緒に入っている人の名前をお坊さんに読み上げてもらうと、「うちのお爺ちゃん、18番目に名前が呼ばれるの」って、孫の代まで墓参りに来てくれるかもしれない。孫が「俺の爺さん、面白い墓に入ってるんだ。お寺の中に建ってる欽ちゃん寺」、なんて言ってくれたらうれしいね。このお爺ちゃんは死んでからも生きてるようなものだし、孫にまで喜んでもらえると、僕には死んでからも運がくることになっちゃう。

……僕、若いころからずっと、やりたいことができるとこうやって延々考えて止まらなくなっちゃうんです。70代のころ、山の中のこのお墓の構想をスミちゃんに話したら、呆れたように、こう言ってました

「あんたって、ず〜っと夢見てるのね」

ほんと、その通りだと思う。夢がでかすぎるとなかなか辿り着けないけど、小さな夢ならまだいくつも叶えられる、と今も思っているしね。つい最近も、ＹｏｕＴｕｂｅデビューをして、また一つ夢を叶えたところ。

新しい仕事に挑戦したとたん、気持ちも身体も活性化して元気になっていくのを実感してます。この分だと僕の母親のように、１００歳まで生きちゃうかもしれないな。

欽ちゃん流「別れ」の流儀

別れのとき、または別れが近いとき、
美しいセリフが言えるといいよね。

明日会える人がいるのは
幸せなこと。

でも、別れたあとも
想いつづけていれば会えるはず。
僕はいろんな挑戦をしながら、
100歳まで生きちゃうかもね。

おわりに

人生って、いくつも節目がありますよね。僕の場合もいろいろあったな。古い話でいえば、高校を卒業したあと大宮デン助さんの劇団に入る予定だったのに、東洋劇場の人に声をかけられたのがきっかけで東洋劇場に入り、東八郎さんたち素敵な先輩に出会えました。

高校時代にアルバイトをしているときも、アルバイト先の社長や配達途中で出会った人から素敵な言葉をかけてもらい、「大人ってかっこいいな！」と思ったものです。アルバイト時代の体験で、「いつか貧しい生活から抜け出す」夢を見つづけられたと思います。節目のときに素敵な人や言葉にぶち当たると、生きる活力が生まれるんですよね。

テレビにたくさん出るようになったころも、節目はけっこうありました。30代のとき、アメリカ進出を夢見た僕は、日本テレビの井原高忠プロデューサーに宣言したものです。

「僕、アメリカに渡って世界的なコメディアンになります！」

そうしたら井原さん、僕の顔をまじまじと見てこう聞きました。

「欽ちゃん、アメリカから呼ばれたの？」

まさか、ただ自分で世界に挑戦だ、と思っただけ。井原さんにそう言うと、

「欽ちゃんね、アメリカって自分から行くところじゃないの。多くの人に認められた人だけが、呼ばれて行くところなの」

いきなり「だめに決まってる」とか、「無謀だ」とか言わず、しゃれた言い回しで諭してくれた。これで、思いあがっていた僕は自分をとり戻しました。こういう話、たくさんあるなぁ。


40代になって僕の名前がついている番組の視聴率が軒並み落ちてきたときは、自分から「テレビ休業宣言」をしました。波が引くように僕の周りから人が去っていくのを感

じて、身を引いたんです。

そのとき気づいたのは、「僕には言葉が足りない」ということ。中学時代から家計と学費のためにアルバイトばかりしてきたから、基礎の勉強ができていない。それで40代で河合塾に通ったり、70代になって駒澤大学に通ったりしていたんです。


そして迎えた80歳。ずっとあとから思い返すと、この歳もきっと大きな節目だと気づくんだろうな。その前年、79歳のとき、浅草の新米コメディアン時代から一貫して僕を支えてくれた妻のスミちゃんが息を引き取りました。

だけど、僕のなかでスミちゃんは永遠に生きつづけています。僕は忙しくて家庭のことも3人の息子の子育ても全部任せっぱなしだったから、スミちゃんが亡くなったあと息子たちやスミちゃんの妹に、「スミちゃんって家ではどんな人だったの？」と聞いています。

「えっ、裁縫が趣味だったの!?」「お酒が好きだったの!?」って、もう意外なことだらけ。

これからも僕の知らないスミちゃんを発見して、心の中でず～っと会話していくと思います。スミちゃんは「有名人の妻」というところから完全に引いて、何もかも普通に暮らしていました。生前は僕がテレビや取材でスミちゃんのことを言うと怒っていたので、この本にまとめて書いちゃった。きっとスミちゃんも、苦笑いして許してくれると思います。

さて、仕事はというと、80歳で新しい挑戦を始めたんです。YouTubeの「欽ちゃん80歳の挑戦」。新しい媒体に進出したからって、僕の笑いの原点は変わりません。浅草時代に覚えた身体を使う笑い、人を傷つけない笑いを、僕と同年代の人はもちろん、若い人たちにも見てもらいたいな、と思って。

基本はライブハウスや小さな劇場でのライブですから、80歳だからって老けてはいられない。ほかのレギュラー番組も全部降板して、80歳の挑戦に全力投球しています。

萩本欽一

萩本欽一　はぎもと　きんいち

1941年東京入谷生まれ。家計を助けるために、芸人を目指し浅草へ。1966年、坂上二郎に誘われ「コント55号」を結成。『コント55号のなんでそうなるの?』など数々の冠番組に出演し、テレビ界を席巻。『欽ちゃんのドンとやってみよう!』『欽ドン!良い子悪い子普通の子』などで高視聴率を連発し、国民的スターに。視聴率100%男の異名をとる。現在でも、お笑いの現役としてYouTubeなどにも活動の場を広げている。

デザイン　清水肇(prigraphics)
写　真　今津勝幸
校　正　滄流社
DTP　天龍社
企画構成　浅野恵子
企画協力　㈱浅井企画
㈱佐藤企画
栗田晃一
編集担当　飯田祐士

80歳、何かあきらめ、何もあきらめない

著　者　萩本欽一
編集人　束田卓郎
発行人　倉次辰男
発行所　株式会社 主婦と生活社
〒104-8357　東京都中央区京橋3-5-7
TEL　03-3563-5129(編集部)
03-3563-5121(販売部)
03-3563-5125(生産部)
印刷所　大日本印刷株式会社
製本所　小泉製本株式会社
ISBN 978-4-391-15653-9